선명상

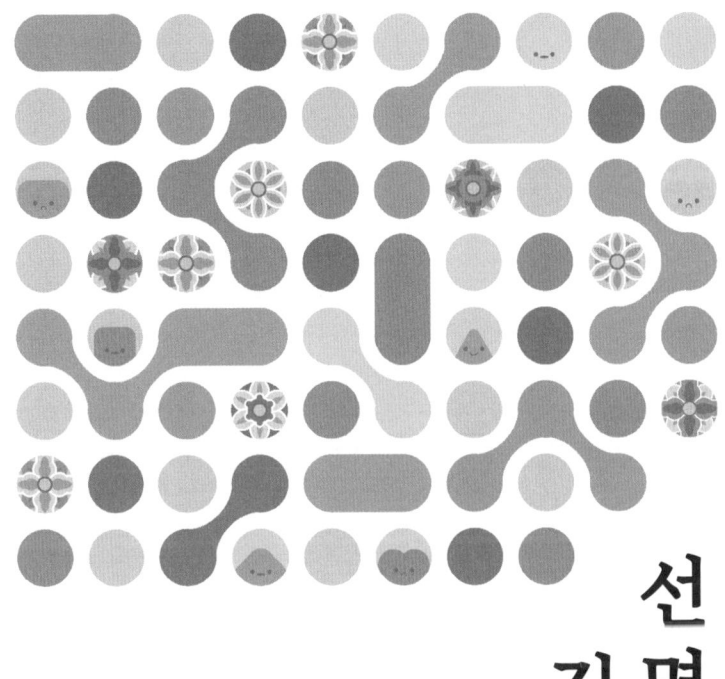

선명상 길라잡이

선명상 수행법
지금 바로
마음 평안에 이르는 길

대한불교조계종 미래본부 엮음

조계종
출판사

지금 바로 여기에서 마음 평안에 이르는 길,

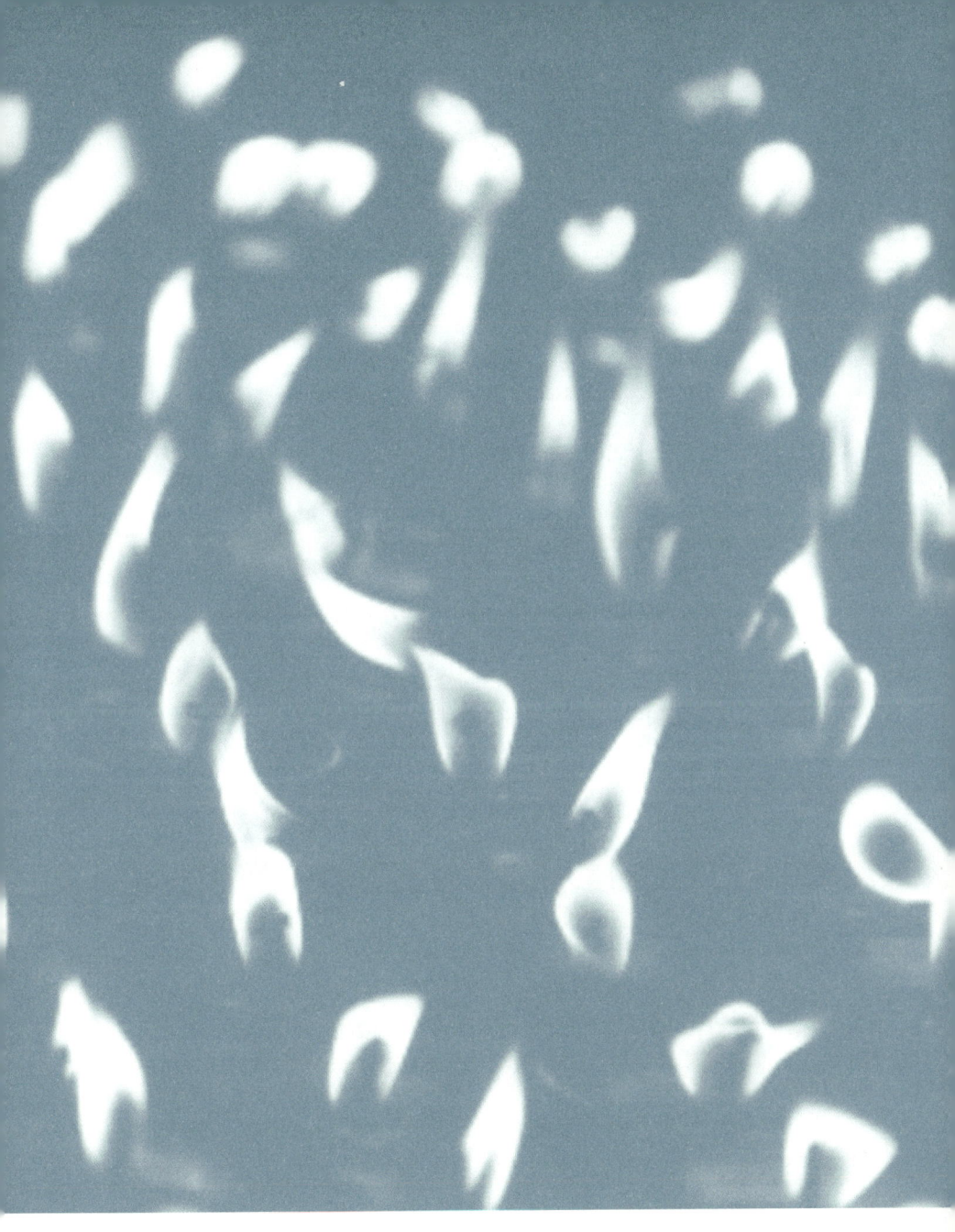

선명상

머리말

행복의 길, 긍정의 에너지

"선명상을 왜 해야 되나요?"

여러 사람에게 '선명상을 일상에서 실천하라'고 권하니 '왜 해야 하는가'라는 질문을 자주 받습니다. 선명상을 하는 이유는 분명하고 명쾌합니다. 우리 모두가 행복해지는 길(道)이 바로 '선명상의 일상적인 실천'에 있기 때문입니다. 선명상을 통해 우리는 마음을 고요히 하면서 내가 지금 무엇을 하고 있는지 깨달을 수 있으며 그러한 살핌을 통해 지금 바로 내가 무엇을 하고 있는지를 알아차릴 수 있게 됩니다.

'알아차림'과 '단박 깨침'이라는 지혜의 두 수레바퀴로 '지금 바로 이곳에서 행복의 길'을 찾아 삶의 방향을 전환할 수 있기 때문입니다. 내가 행복하면서 타인에게 긍정의 가치를 보시할 수 있습니다. 바로 그것이 선명상을 하는 근본적인 이유입니다.

지난여름 총무원장 진우 스님께 선명상에 대한 대중들의 관심은 높지만 그 갈래를 바로 알지 못하여 혼란스러워한다는 말씀을 전했습니다. 아울러 불교계 내에서, 특히 뜻있는 스님들이 선명상을 이해하지 못하여 간화선과 다른 종지가 아닌가 의구심을 나타내기도 한다고도 전했습니다. 이러한 대중들의 마음을 바로 살펴 선명상의 올바른 이해를 일구도록 선명상 아카데미를 열어 직접 강의해주시기를 부탁드렸습니다. 스님께서는 대중들, 특히 젊은 세대를 위한 선명상 홍포를 위해 무더운 여름 여덟 번의 강좌로 그 길라잡이 역할을 해주셨습니다.

이를 바탕으로 선명상에 대한 올바른 이해를 구하여 오해를 불식시키고, 나아가 왜 선명상을 해야 하는지, 선명상이 불교 전통의 간화선을 어떻게 융융시켜 나아가는지를 정리하게 되었습니다. 또한 실생활에서 선명상을 적용하는 방법에 대해 구체적인 지침을 제공하였으며, 인간사에 던져지는 수많은 괴로움을 떨치기 위해 어떻게 마음을 살피고 돌이켜야 하는지 불교 교리적 측면에서 보다 심도 있는 연관성을 이해할 수 있게 되었습니다.

그뿐만 아니라 젊은이들과 지식인들도 함께 이해하고 받아들일 수 있도록 서양철학과 최첨단의 양자역학적 관점을 많은 예를 들어 설명하여 모든 계층의 사람들이 친근히 선명상의 세계로 들어올 수 있으리라 생각합니다.

이번 아카데미 강좌에서는 선명상의 이론과 방식, 나아가야 할 길을 설파하면서 끊임없이 선불교의 간화선이 지고지순한 수행법이라는 것을 강조하면서도 불교 교리를 쉽게 받아들이지 못하는 대중들을 일깨워 함께 그 길로 이끌어 가고자 하는 스님의 애틋한 마음을 전해 받을 수 있는 시간이었습니다.

스님께서는 다시 이러한 강좌를 개설하기 쉽지 않다는 뜻을 전하셔서 아쉬운 마음에 이번 강좌의 내용을 보다 많은 사람들에게 전하여 선명상으로 가는 길라잡이가 될 수 있도록 책으로 엮었습니다. 선명상 길라잡이는 선명상의 이론과 실천법을 쉽게 이해하고 따라 할 수 있도록 구성되었습니다.

혹 부족한 것이 있으면 저희들의 우둔함으로 널리 이해해주시고 부디 선명상을 널리 실천하여 보다 많은 사람들이 괴로움을 여의고 마음 깊은 행복을 이루는 좋은 도구가 되기를 바라봅니다.

대한불교조계종 미래본부
사무총장 성원 합장

차례

머리말
**행복의 길,
긍정의 에너지** 006

1
**괴로움의 근원을
찾아서** 013

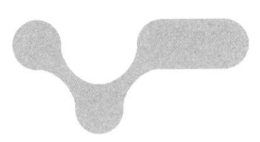

2
**현상과 마음의 관계
이해하기** 033

3
**마음의 평화를 향한
첫걸음** 055

4
일상 속
명상의 힘 079

5
깊이 있는
명상의 세계 093

6
선명상 수행의 심화와
일상에의 통합 107

7
현대 사회에서의
선명상: 깊이와 확장 131

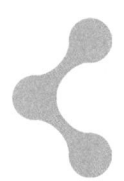

8
언제 어디서나
평안을 만든다 113

괴로움의 근원을 찾아서

불교는 역사와 전통문화에 스며들어 우리 민족을 평안으로 이끌어 주었습니다. 그 가운데 가장 핵심적인 가르침이 바로 참선입니다. 가장 빠르고 참되게 깨우칠 수 있는 길이 바로 화두를 참구하는 간화선看話禪입니다.

선정과 지혜의 다른 이름, 명상

　최근 들어 간화선이 일반 사람들에게 조금씩 멀어지는 듯합니다. 출가 수행자들조차 어려워하는 면이 있습니다. 불교는 괴로움에서 벗어나기 위한 가르침입니다. 그러면 어떤 방식으로 접근해야 할까. 어떻게 더 쉽게 전달할 수 있을까. 이러한 고민을 펼치기에는 종단이 먼저 제안하고 힘을 온전히 실어서 진행하는 것이 효과적이라 생각했습니다.

　'선禪'과 '명상'을 결합했지만 한글로 '선'을 붙여 '선명상'이라는 고유명사를 만들었습니다. 우리 불교 고유의 선, 대승불교의 핵심인 선을 대중에게 알려야겠다 싶었습니다. 선명상 앞에 붙은 선은 착할 선善이 될 수도, 태양을 뜻하는 SUN(선)이 될 수도 있습니다. 다양한 의미의 선을 붙일 수 있습니다.

　명상(meditation)이라는 말 밑바탕에는 부처님 당시의 수행법인 지관止觀 수행이 연결되어 있습니다. 어지럽고 산란한 마음을 가라앉히고 멈추게 한다는 지止(Samatha)와 자신의 본래 청정한 본성을 끊임없이 지켜본다는 관觀(Vipassanā)을 말합니다. 고려 때

보조국사 지눌知訥(1158~1210) 스님께서 정혜쌍수定慧雙修, 즉 선정과 지혜를 함께 닦아야 한다고 주창했습니다. 여기서 말하는 선정과 지혜가 지관의 다른 이름이기도 합니다. 이러한 사마타의 선정 수행과 위빠사나의 관법 수행이 미국이나 서양으로 넘어가서 각색되어 명상이라고 불리는 측면이 있습니다. 다시 말해, 전통 불교 수행법이 명상이라는 이름으로 역수입된 것입니다.

괴로움과 즐거움의 반복, 윤회

선명상을 알면 자기 스스로 마음을 편안하게 하는 능력이 생깁니다. 선명상을 모르고 살아가면 그저 그런 삶이 될 뿐입니다. 우리 행동을 주로 결정하는 확고한 의식이나 관념, 쉽게 말해서 잘 변하지 않는 고집스러운 나만의 생각을 고정관념이라고 합니다. 이것이 굳어 있으면 죽을 때까지 고치기 어렵습니다.

그래서 이러한 고정관념의 틀에서 일단 벗어나야 합니다. 특히 지금 고민과 걱정이 많다, 근심이 많다, 힘들고 괴로울 때가 많다고 생각하는 분들은 빨리 고쳐야 합니다. 그렇지 않으면 이것이 반복되며 윤회할 수밖에 없습니다. 어떠한 명상 수행을 하더라도 공통적인 핵심은 '괴로움'을 없애는 겁니다.

우리가 말하는 행복은 괴로움이 없는 상태를 말합니다. 이러한 괴로움을 없애고 완전한 행복을 이루기 위해서 먼저 나의 감정 상태를 잘 알아야 합니다. 그것을 볼 줄 알아야 하고 또 그것을 깨달아야 합니다.

지금 일어나는 나의 감정은 어떠한가. 불교에서는 느낌의 마음작용의 시작을 '수受'라고 표현합니다. 이것을 세 가지로 분류하여 고수苦受·낙수樂受·사수捨受를 3수三受라고 합니다. 쉽게 표현하면 괴로운 느낌, 즐거운 느낌, 괴롭지도 즐겁지도 않은 느낌을 말합니다.

'고수苦受', 즉 괴로운 느낌은 '나는 괴롭다' '마음이 괴롭다' 혹은 '나는 괴로움을 느낀다'고 하는 일반적인 표현들입니다. '낙수樂受', 즉 즐거운 느낌은 '나는 즐겁다' '마음이 즐겁다' 혹은 '나는 즐거움을 느낀다'고 표현하는 것들입니다. 그리고 '사수捨受', 즉 괴롭지도 즐겁지도 않는 느낌은 '그저 그렇다' '무덤덤하다' 혹은 '즐겁지도 괴롭지도 않다'고 하는 표현들입니다.

우리에게 일어나는 이러한 감정, 느낌들은 누구의 탓도 아닌니다. 스스로 짓고 스스로 받는 것입니다. 그 누구도 해결해주지 않습니다. 절대로 세상은 나에게 맞추지 않습니다. 내가 세상에 맞추어야 합니다. 하지만 알고 보면 이미 세상은 나를 위해 모든 것을 해주고 있는데 그걸 깨닫지 못하고 있을 뿐입니다. 햇빛도 공기도 먹을 것도 내가 지금 있는 공간도 버젓이 누리고 있음에도 불구하고 그것을 내가 알아차리지 못하고 세상을 원망하고 있습니다. 아마 인간관계에서 가장 많이 나타날 것입니다.

제 눈에는 여러분의 앞날이 환하게 보입니다. 다 알 수 있습니다. 앞으로 여러분은 늙을 것이고 병들 것이고 죽을 것입니다. 그리고 죽네 사네 할 것이고 울고불고할 것이 뻔합니다. 일찍 죽을 수도 있고 늦게 죽을 수도 있습니다. 병들어서 많이 아프다 죽을 수도 있고 그냥 갑자기 죽을 수도 있습니다. 모든 것이 뻔한데 자기 인생을 점치러 다니는 분들이 있습니다. 이해는 하지만 무의미합니다.

사람마다 살아가는 모습은 조금씩 다르지만 개개인이 가지고 있는 즐거운 느낌과 괴로운 느낌의 고락에 대한 업은 누구나 똑같습니다. 중생의 업에 따라 태어나는 존재 양상을 여섯 가지로 나눈 것을 육도라고 합니다. 비교적 좋은 세계인 인간과 아수라와 천상의 세계는 삼선도三善道라 하고, 축생과 아귀와 지옥은 삼악도三惡道라고 합니다. 삼선도든 삼악도든 모든 중생의 업

1. 괴로움의 근원을 찾아서   019

은 똑같다는 말입니다. 다만 업의 차이에 따라 그 시기와 모양만 다를 뿐입니다.

부처님의 경우에는 업을 완전히 소멸했기 때문에 고락이 생겨나고 사라지는 것 자체가 없어 제로(0)입니다. 완전한 평안함, 니르바나, 해탈 등 다양한 명칭이 있지만 어쨌든 '완전한 행복'을 말합니다. 이것이 부처의 세계입니다.

고락의 상태는 상대적입니다. 왜냐하면 우리는 저마다 자신의 업을 갖고 살아가기 때문입니다. 지금 내 몸뚱이라는 업식은 과거 전생에서 지금까지 내가 살아왔던 행적이거든요. 이렇게 업이 축적되어 있는 것을 업장식, 아뢰야식이라고 합니다. 서양철학에서 프로이트, 칼 융, 칸트 등의 학자들은 무의식, 잠재의식, 꿈이라고 했습니다.

부처님과 이후의 많은 선지식들도 말씀하셨습니다. 과거에 의해 현재가 있고, 현재에 의해 또 미래가 있는 것은 변하지 않습니다. 모든 것들이 모여서 작용을 하고, 그 작용으로 현상이 생기면서 내가 보고 듣고 행하면서 나의 업장인 감정을 얹어버립니다. 이것으로 인해 우리 삶이 복잡해질 수밖에 없습니다.

우리 인생의 지향점은
괴로움이 없는 삶

　여러분은 인생에서 무엇이 가장 중요하다고 생각하십니까? 많은 사람들이 어릴 때는 먹는 것, 나이 들어서는 부자 되는 것이나 건강한 것 등을 말합니다. 잘 먹고 잘 사는 것에 대해 말하지만 지금도 잘 먹고 잘 살고 있습니다. 우리 인생에서 가장 큰 목표, 지향점은 '괴로움이 없는 삶'입니다. 괴롭지 않아야 합니다. 내가 괴롭다면 우선 힘들잖아요. 불편하고 고통스럽습니다. 괴로움은 수만 가지 형태로 다가옵니다. 그럼에도 불구하고 앞서 말했듯이 괴로움을 없애기 위한 조건들이 지금 우리가 누리고 있는 현상들입니다.

　하지만 거기에서 만족하지 못하고 욕심이 생겨 즐거움을 찾습니다. 기뻐야 하고 미치도록 좋아야 합니다. 이것은 모든 중생, 모든 인간들의 보편적인 심리 바탕입니다. 눈 한번 깜빡이고 숨 한번 쉬는 인간의 모든 행위, 즉 먹고 입고 자는 우리들의 모든 움직임은 내가 원해서 이루어지는 것입니다.

　밥을 먹고, 잠을 자고, 돈을 벌고, 결혼하고, 자식 낳아 잘 키

우고, 건강하게 살려는 일체의 행위는 스스로 불편하지 않고, 괴롭지 않고, 근심하지 않고, 걱정하지 않기 위한 것입니다.

명예와 권력을 가지려는 것도 마찬가지입니다. 여기서 조금 더 욕심을 내면 즐겁고 기쁘고 행복하려고 하는 거죠. 괴로움에서 벗어나 즐거움을 누리려는 것입니다. 그런데 문제는 여기서부터 시작됩니다. 세상에는 공짜가 없다는 말 들어보셨죠. 이 말은 즐거움이란 반드시 즐거움의 대가를 치러야 하고, 행복이란 행복의 대가를 치러야 한다는 말입니다. 이것이 부처님께서 말씀하신 '이것이 생기면 반드시 저것이 생긴다'라는 내용입니다.

다시 말해, 행복하면 반드시 불행이 생깁니다. 그래서 '젊어서 고생은 사서라도 한다'는 말이 있는 것입니다. 앞서 말했듯이 부처님은 업을 소멸했기 때문에 즐거움과 괴로움의 윤회에서 벗어나셨습니다. 중생은 요만큼 즐거움이 생기면 그만큼 괴로움이 생기게 되어 있습니다. 즐거움과 괴로움, 행복과 불행, 기쁨과 슬픔… 이 둘의 관계는 동전의 양면과 같습니다. 손등과 손바닥의 관계입니다.

여기에 손이 있습니다. '분별없이 보라' 하면 있는 그대로의 손을 봐야 하는데 옳다 그르다, 좋다 싫다 하며 분별하는 마음

'분별없이 보라' 하면
있는 그대로의 손을 봐야 하는데
옳다 그르다, 좋다 싫다 하며
분별하는 마음으로 바라보니
손등이 있고, 손바닥이 생겨버립니다.

으로 바라보니 손등이 있고, 손바닥이 생겨버립니다. 동전도 마찬가지입니다. 분별없이 보면 그냥 동전일 뿐인데 분별심으로 바라보니 동전의 앞면을 보는 즉시 뒷면이 생겨버리는 것입니다.

우리들의 삶도 이와 같습니다. 그냥 살면 되는데 '사네 죽네' 하며 사니 죽음이 있습니다. 태어났기 때문에 죽어야 합니다. 사라져야 합니다. 이 말이 이해는 되지만 마음에는 들지 않죠? 그래서 이 고락의 상대적인 감정 문제를 해결해야 내가 괴로움에서 벗어날 수 있습니다. 이것을 해결하기 위해 우리가 선명상을 하는 겁니다.

선명상을 하지 않으면 이 현상에 끄달려 살 수밖에 없습니다. 본래 우리가 마주하는 바깥 경계는 아무 문제가 없습니다. 우리가 보고 듣고 냄새 맡고 느끼는 일체의 바깥 세계, 즉 현상은 아무 문제가 없기 때문에 시비할 것도 아닙니다. 거기에는 어떠한 차별도 없습니다.

그런데 좋다 나쁘다, 즐겁다 괴롭다, 기쁘다 슬프다 하는 감정을 이 현상에 얹게 됩니다. 아무 문제가 없는 그야말로 인연 연기로 돌아가는 이 세계에 내 감정을 올려놓으면서 문제가 생기기 시작합니다. 상대와 갈등이 있을 때 각자의 입장에서 바라보고 서로 옳다고 싸웁니다. 여기에서 기분 나쁜 것은 내 몫입니다. 내 감정이니 나의 문제라는 것을 분명히 보아야 합니다.

이것을 알면 세상을 보는 관점이 달라집니다. 근심 걱정이 있어도 5초 만에 해결이 됩니다. 근심 걱정은 집착에서 오는 것입니다. 현상에 대해 집착을 하는 순간 바로 알아차리고 5초 안에 참회하는 겁니다. 이 순간이 선명상이라고 할 수 있습니다.

5초 명상—
우선 멈춤

5초 이야기가 나온 김에 미국에서 유행하는 5초 명상에 대해 말씀드리겠습니다. 사람이 화를 낼 때 욱하고 화가 나는 시간은 0.2초라고 합니다. 0.2초 안에 내 감정이 요동치는 겁니다. 어떤 현상이나 조건으로 화가 나는 것은 0.2초이지만 그다음 행동으로 나아가는 데는 5초 이내라고 합니다.

예를 들어 어떤 사람이 나에게 욕을 했을 때 기분이 나쁘고 화가 일어나는 것은 0.2초가 걸립니다. 그런데 여기에서 같이 욕을 하든지 주먹을 휘두르는 데 걸리는 시간은 5초라는 겁니다.

그래서 화가 일어날 때 5초 동안 '우선 멈춤'이 필요합니다. 그렇게 하면 제2, 제3의 자해를 없앨 수 있습니다. 스스로 괴로움을 일으키는 행위가 자해입니다.

어떤 대상을 바라보고 마음이 일어날 때 감정 조절이 필요합니다. 이것은 '우선 멈춤'에서 시작합니다. 나의 감정을 '우선 멈춤' 하는 거예요. 이러한 감정이 일어나는 것은 인과因果의 법칙입니다. 앞서 말했듯이 '이것이 생기면 반드시 저것이 생긴다'는 것입니다. 인과는 원인에 의한 결과를 말합니다. 한마디로 정리하면 '고락 분별 인과'라고 할 수 있습니다.

고락, 즉 괴로움과 즐거움의 양은 똑같습니다. 서로 상대적입니다. 태어나면 반드시 죽습니다. 젊으면 반드시 늙게 되고, 건강하면 반드시 병이 생깁니다. 이러한 우리의 인생을 생로병사生老病死라고 표현합니다. 물질의 세계는 인연으로 만들어져 있습니다. 따라서 머물다가 허물어져 허공으로 돌아가니 이를 성주괴공成住壞空이라고 합니다.

우리의 감정 또한 그것을 피할 수 없습니다. 우리에게 즐거움이 생겼다고 하여 죽을 때까지 계속 즐거운 사람이 있나요? 즐거움은 즐거움의 강도에 따라 조금씩 다를 뿐이지 반드시 달라집니다. 또 어떤 때는 굉장히 즐거웠는데 즐거움의 시간이 지나가면 그때는 허무함을 느끼게 됩니다. 즐거운 만큼 허탈하고 허무해지기 마련이죠.

인과도 시간과 공간에 따라서 달라집니다. 현대물리학에서 양자역학은 상대성 이론과 함께 우주의 기본 원리를 설명하는 이론입니다. 이것은 부처님께서 말씀하신 이론과 유사한 면이 많습니다. 모든 물질은 그 구성요소를 쪼개고 쪼개면 원자로 구성되어 있습니다. 이 원자를 다시 들여다보면 원자핵을 중심으로 전자가 거리를 두고 회전하고 있습니다. 이것은 육안으로 볼 수도 없습니다. 하지만 이러한 것들이 어떻게 모이고 결합하느냐에 따라 이런 모양 저런 모양이 되는 겁니다. 물질을 구성하는 최소한의 단위가 입자인지 파동인지 아직 논의가 분분합니다.

정리하면 물질은 원자의 결합으로 이루어져 있고, 이 원자는 원자핵과 전자로 이루어진 입자 또는 파동의 형식입니다. 이것은 우리의 정신세계, 즉 괴로움과 즐거움 등의 느낌과 감각, 영혼까지도 연결되어 있습니다. 어쨌든 모든 것은 생로병사하고 성주괴공하며 변화합니다. 중요한 것은 '이것이다' 하며 고정된 것은 하나도 없다는 사실입니다.

원자핵과 전자의 관계 형성이 어떠한가에 따라 이런저런 물질이 생성된다고 하니 이는 불교의 연기론緣起論과 같은 것입니다. 연기적으로 인연 화합하여 이런저런 것이 생기는데 이 조차도 결국은 내가 만들어낸 것입니다. 이것을 일체유심조一切唯心造, 만법유식萬法唯識이라고 표현하지만 결국은 모두 사라집니다. 불교에서는 물질적인 면에서 공空이라고 표현했고, 심리, 정신 등의 비물질적인 면에서는 중도中道라고 표현합니다.

자업자득,
자작자수

거듭 말하건대 모든 것은 생로병사하며 또 공인데, 거기에서 뭘 얻겠다며 집착을 하느냐는 것입니다. 그 집착이 괴로움을 불러일으킵니다. 괴로움의 원인으로 인해 괴로움이라는 결과가 생기는 겁니다. 거기에는 괴로움과 즐거움이라는 두 개의 상반된 감정들이 서로를 의지하면서 돌아갑니다.

이 괴로움과 즐거움은 '영원한 괴로움'이나 '영원한 즐거움'이 없는 까닭입니다. 이것을 말하는 이유는 '괴로움'은 차치하고, '그래도 우리 삶에서 즐거움이 있지 않느냐?' 하는 물음에 대한 대답이기 때문입니다. 우리가 말하는 즐거움이라는 것조차 영원한 즐거움이 아니기 때문에 이것은 다시 괴로움으로 바뀌는 한시적 즐거움에 불과한 것입니다.

그래서 부처님께서는 '인생은 괴로움의 바다'라고 한 것입니다. 이것을 분명히 아는 것이 깨달음입니다.

'고락'이라고 표현되는 좋고 나쁨, 행복 불행, 기쁨 슬픔 등의 반복되는 감정은 다른 사람이 만드는 것이 아니라 자업자득自業自得이고 자작자수自作自受입니다. 결국은 자기 자신으로 귀결된다는 말입니다.

그런데 여기서 '나'라는 것도 믿을 게 못됩니다. 시시각각 변하는데 어느 순간을 '나의 참된 모습'이라고 할 수 있겠습니까? 이러한 무아無我를 이해하지 못하고 '나'라고 하는 것을 움켜쥐고 착각하고 있습니다. 이것을 완벽하게 깨부수는 것이 참선 가운데 간화선입니다.

'나'라고 하는 실체를 들여다보니 '고락'이란 게 계속적으로 윤회 반복하는 나의 감정에 불과할 따름입니다. 같은 조건을 두고 사람마다 느끼는 감정은 서로 다릅니다. 자신이 가지고 있는 즐겁고 괴로운 고락의 업이 나타나는 것이 감정입니다. 그렇기 때문에 그것을 보고 일으키는 나의 감정은 '그것' 때문이 아니라 '나의 업식' 때문이라는 것을 알아야 합니다.

모든 사물의 현상은 적당한 시기가 되면 일어난다고 해서 시절인연時節因緣이라고 합니다. 또 줄탁동시啐啄同時라는 말도 있습니다. 병아리가 알에서 깨어나기 위해서는 어미 닭이 밖에서 쪼고 병아리가 안에서 쪼며 서로 도와야 일이 순조롭게 완성됨을 뜻합니다.

내가 보고 듣고 냄새 맡고 맛보고 부딪치고 생각하며 경험하는 대상, 즉 현상세계도 서로 영향을 주고받으면서 움직이는 겁니다. 소위 원자가 어떻게 모이는가에 따라 이런저런 모양으로 나타난다는 말입니다.

구름이 비가 되어 내리고, 비는 초목을 살리고, 초목은 다시 내뿜고, 시냇물이 되고 강물이 되고 바다가 됩니다. 바닷물은 다시 구름이 됩니다. 서로 연결되어 있는 현상들입니다. 우리가 경험하는 현상세계가 모두 그렇습니다. 이것을 불교철학에서는 '연기緣起'라고 합니다. 모든 것은 서로 연결되어 있다는 말입니다.

이러한 연기의 현상은 먼지 하나에서부터 우주적으로 모두 연결되어 있습니다. 우리가 텔레비전을 보고 전화를 하는 것도 허공의 파동으로 연결되어 있으니까요. 그래서 이 세상을 삼라만상森羅萬象이라고 하는 겁니다. 신라 때 의상대사가 쓴 「법성게法性偈」에 '일미진중함시방一微塵中含十方'과 '일중일체다중일一中一切多中一'이라는 구절이 있습니다. 먼지 하나 속에 이 우주가 모두 담겨 있고, 이 우주도 저 밖에서 보면 먼지 한 톨도 안 되는 겁니다.

그러한 삼라만상이 서로 엉켜 있으면서 이렇게도 변하고 저렇게도 변하면서 생로병사 성주괴공하는 겁니다. 이 지구도 이렇게 생겨났고 지구에 사는 80억 인구도 그렇게 물질이 서로 연결되어 나타났다 사라졌다 하는 겁니다.

이러한 현상을 바라보는 나의 감정 상태는 어떠합니까? 어떤 것을 보고 좋아하고, 어떤 것을 보고 싫어하기도 합니다. 어떤 현상을 보고 즐겁기도 하고, 어떤 현상을 보고 괴롭기도 합니다. 그것을 바라보는 관점에 따라 모든 것이 달라집니다.

예를 들어 교통사고가 일어나 다치기도 하고 죽기도 합니다. 시절인연에 따라 시간과 공간의 결합으로 일어나는 필연적 결과입니다. 강물의 경우 인연 따라서 흘러갈 뿐입니다. 그런데 그것을 바라볼 때 '맑고 아름답다' 하면서 좋아할 수도 있고, '흙탕물이라 더럽다' 하면서 싫어할 수도 있습니다. 강물이 흘러가는 것과 내가 그것을 바라보는 고락의 감정이 동시적으로 결합되어 작용하는 겁니다.

또 다른 예를 들어보겠습니다. '시험에 합격했다'고 합시다. 이것은 시험 합격을 위한 과정을 포함한 원인과 그 결과가 '시험 합격'이라는 것으로 나타납니다. 모든 조건들이 모여서 '시험 합격'이라는 결과를 만든 겁니다. 그런데 시험에 합격하는 동시에 내가 즐거워집니다. 기분이 좋아집니다. 이것은 동시성입니다. 즐거움이 일어나는 동시성과 더불어 괴로움이 나타나는 동시성도 함께 있습니다. 현상과 나의 고락이라고 하는 업이 동시에 일어나는 것입니다.

이 현상과 나의 고락 감정의 업이라는 관계를 잘 알고 이해해야 합니다. 그리고 그 과정을 선명상으로 뚫어야 합니다. 막연하게 선명상하는 것보다 이러한 원리를 알고 하면 엄청난 효과를 볼 수 있습니다.

현상과 마음의 관계 이해하기

상근기上根機는 부처님의 가르침을 듣고 그대로 받아들여 깨달음을 성취할 품성과 능력이 뛰어난 사람을 말합니다. 여기서 근기根機는 사물의 근본이 되는 힘을 뜻하는 근根과 움직이거나 작용하는 것을 뜻하는 기機가 합쳐진 말입니다. 상근기는 그야말로 근기가 뛰어난 사람을 말하는 것입니다. 육조혜능六祖慧能(638~713)대사는 문자를 몰라도 바로 이해하고 깨칠 수 있었습니다. 이러쿵저러쿵하지 않아도 금방 알아차리고 깨치는 사람이 종종 있습니다.

부처님이 출가한 이유

우리가 마음이라고 할 때 이 마음은 여러 가지 감정, 어떤 생각과 인식 등을 통틀어서 말합니다. 그중에서도 제일 중요한 부분은 감정입니다. 다른 말로 느낌이라고 할 수 있습니다. 경전에서도 그 부분을 많이 강조하고 있습니다.

불교는 고苦(괴로움)를 없애기 위해서 생긴 종교입니다. 부처님은 왜 출가를 하셨을까요? 부처님은 출가하기 전 샤카족 태자로 있을 때 카필라성의 동·남·서·북 4문 밖에 나가 인생의 4고四苦를 직접 보고 출가를 결심하게 됩니다. 이것을 사문유관四門遊觀이라고 합니다.

왕궁에서 온갖 부귀영화를 다 누리던 태자는 어느 날 동문 밖으로 나갔다가 지팡이를 짚고 괴롭게 걸어가는 노인을 보고 자기도 늙지 않을 수 없음을 알고는 근심에 사로잡히게 됩니다. 다시 남문 밖에서는 병든 사람을 만나서 사람이란 누구나 늙고 병드는 일을 면할 수 없음을 알아 더욱 큰 근심에 사로잡히게 됩니다. 서문 밖에서는 죽은 사람의 뒤를 따라가며 가족들이 슬프게 통곡하는 것을 보고, 인간이란 모두 늙고 병들고 죽을 수밖에 없다는 사실을 알게 됩니다.

북문 밖에서는 머리를 깎고 발우를 든 출가 수행자를 보고서 자기도 수행자가 되어서 이 문제를 풀어야겠다고 다짐합니다. 이렇게 싯다르타 태자는 밤중에 성을 넘어 마침내 출가를 합니다. 이 사문유관 이야기는 모든 사람에게 '삶이란 무엇이며, 죽음이란 또 무엇인가?'라는 근본적 물음을 던집니다.

부처님이 보리수 아래에서 깨달음을 얻은 내용과 45년에 걸친 전법의 내용을 한마디로 사성제四聖諦라고 할 수 있습니다. 다시 말해, 부처님의 모든 설법은 '괴로움을 없애는 법'으로 귀결됩니다. 중생의 현실세계는 모두가 괴로움이라고 하는 고제苦諦, 애욕과 집착이 괴로움의 원이라고 하는 집제集諦, 온갖 괴로움을 멸하고 무명과 번뇌를 없애는 멸제滅諦, 괴로움을 없애는 방법을 설한 도제道諦를 말합니다.

괴로움은 감정입니다. 인간에게는 생로병사의 괴로움과 사랑하는 사람과 이별해야 하는 괴로움(愛別離苦), 미워하는 사람과 만나게 되는 괴로움(怨憎會苦), 원하고 구하는 것을 이루지도 못하고 얻지도 못하는 괴로움(求不得苦), 인간을 구성하는 물질 요소와 정신 요소인 색色·수受·상想·행行·식識의 오온五蘊에 집착하는 괴로움(五陰盛苦) 등이 있습니다.

괴로움이라는 감정

우리가 사는 현실세계가 '괴로움'이라는 것을 직시해야 합니다. 그래야 이 괴로움을 없앨 수 있으니까요. 우리는 기분 나쁘면 무턱대고 그냥 소리 지르고 눈물 흘립니다. 겨우 한다는 것이 참는 겁니다. 그러한 기분을 돌리려고 이런저런 것을 시도해보기도 합니다.

스트레스나 트라우마를 없애려고 온갖 방법을 쓰지만 그것은 일시적입니다. 약을 먹거나 병원에서 정신과 치료를 받거나 하는 것들이 근본적인 원인을 해결할 수는 없습니다. 어느 정도 늦추거나 일시적으로 없앨 뿐이지 괴로움이라는 그 감정을 완전히 없앨 수 없습니다. 이러한 괴로움을 완전히 없앤 분은 부처님과 십대제자, 오백나한, 마음을 깨친 선지식들뿐입니다.

부처님은 행복이나 즐거움을 찾아 출가한 것이 아닙니다. 뭔가 얻으려고 출가한 것이 아닙니다. 한 나라의 태자로서 부족함이 없이 살았는데 뭘 더 얻으려고 했겠습니까. 괴로움이 없는 완전한 행복, 일시적인 것이 아니라 영원한 행복, 나 혼자만이 아니라 일체중생의 깨달음을 위해 출가해서 정진하신 겁니다.

미안한 이야기일 수도 있지만 지금 겉으로 보기에 돈깨나 있다고, 권력 좀 있다고, 머리 좋다고 하는 사람들은 일시적입니다. 금생에 끝나버립니다. 전생의 복으로 지금 그렇게 살지만 금생에 마음을 더 닦지 않으면 곧 끝나버린다는 것을 알아야 합니다. 영원히 지속되지 않는다는 거죠.

태어날 때 부모님을 잘 만나서 아무 노력 없이 잘사는 사람도 있고, 복권이나 주식으로 부자가 된 사람도 있습니다. 대대로 물려받은 재산이 많아 부유한 사람도 있고, 운이 좋아서 사업이 잘된 사람도 있습니다. 이런 금수저와 달리 흙수저로 태어난 사람들도 많습니다. 단순히 가진 것이 없어 가난한 것 외에도 태어날 때부터 몸이 아픈 사람도 있습니다.

여기서 금수저는 마냥 좋고, 흙수저만 고통받는 것일까요? 조건이 완벽한 사람들도 우울증에 걸린다거나 뭔가 만족하지 못하고 잘못된 길을 선택하는 경우도 많잖아요. 또 흙수저로 태어났다고 해서 비관하고 절망하며 인생을 살지는 않잖아요. 소욕지족少欲知足하면서 자기 분수에 맞게 살아가는 보통 사람이 훨씬 많습니다. 돈이 많은 부자는 괴로움이 없을 것이라는 고정관념은 틀린 겁니다. 부와 명예, 권력 등과 괴로움은 아무 관련이 없습니다.

| 연기실상의 세계는
| 공이다

이 문제를 풀고 해결하려면 고락에 관한 본질을 알아야 합니다. 이것만 알면 나의 앞길을 훤히 볼 수 있습니다. 감정이란 무엇인가를 정확히 알아야 나머지 문제가 풀립니다. 우리가 원하는 것을 성취해서 즐겁고 행복하다고 할 때 그것으로 끝나는 것이 아니라는 말입니다. 고와 낙은 리드미컬하게 윤회합니다.

앞서 말했듯이 고락은 동전의 양면과 같고 각각 질량의 총량은 똑같습니다. 그것에 대한 과보가 나타나는 시간이 서로 다를 뿐입니다. 찰나의 순간에도 육도를 오가며 윤회합니다. 이것은 한 시간, 하루, 1년, 10년, 평생의 삶에서도 마찬가지입니다. 그리고 전생과 금생, 내생으로 이어져 있어도 고락은 출렁입니다. 지금 좋아졌다고 좋아할 일이 아닙니다. 행복한 만큼의 괴롭고 고통스러운 과보가 반드시 생깁니다.

우리는 눈, 귀, 코, 혀, 몸, 뜻으로 이 현상세계를 느낍니다. 이것과 고락이라는 감정과는 별개입니다. 대승경전에서는 지금 내가 보고 듣고 느끼는 이 현상 자체는 아무것도 아니라고 말했습니다. 이러한 실상의 현상은 연기일 뿐 실제가 아니며, 우리가 착각할 뿐이라고 말합니다. 불교 용어로 '공空'이라 할 수 있습니다. 이러한 공의 세계에 현혹되지 말아야 합니다.

마음을 깨친 역대 조사들께서 말씀하신 내용도 결국은 모두 이것입니다. 새해니 지나간 해니 따지지 말라, 청천 하늘이 뭐 변한 게 있냐고 합니다. 『임제록臨濟錄』에 '수처작주隨處作主 입처개진立處皆眞'이라는 말이 있습니다. 머무는 곳에서 주인공으로 산다면 지금 있는 곳이 곧 깨달음의 세계라는 의미입니다. 그런데 이렇게 해석하면 이해하기 어렵습니다. 내가 어떻게 주인공이고, 주인공이 뭘 의미하는가 하면서 어려워합니다.

내가 주인공으로 살면 어느 곳에 있더라도 고락이라는 이 감정의 윤회가 사라져버립니다. 다시 말해 업장이 소멸하여 중도의 마음 상태가 되면 여기 있든 저기 있든 아무 상관이 없다는 말입니다. 내가 주인공이라는 것을 스스로 만들라는 뜻입니다.

괴로움과 즐거움의 윤회

우리 중생은 괴로운 느낌, 즐거운 느낌, 괴롭지도 즐겁지도 않은 느낌을 가지고 살아갑니다. 지금 내가 느끼는 이 감정 상태가 '좋다' 하면 바로 '싫다' 하는 과보가 생겨버립니다. 앞서 말했듯이 나에게 즐거움이 생기면 그것과 똑같은 질량의 과보가 언제 생길지는 모르지만 분명히 생겨납니다. 우리가 눈, 귀, 코, 혀, 몸, 뜻으로 어떤 것을 보고 듣고 냄새 맡고 맛보고, 촉감을 느끼고, 생각하는 것만으로도 일단 행복함을 느꼈다면 업으로 저장되었다가 반드시 괴로움으로 나타납니다.

내가 가진 주식이 올랐다가 떨어져 휴지 조각이 되는 경우가 있습니다. 여기에도 고락의 인과가 생긴 것입니다. 시간을 넓혀서 우리 삶 전체를 보아도 마찬가지입니다. 젊었을 때는 기운이 넘치고 건강하지만 시간이 흐르면 늙겠죠. 젊었을 때는 기운과 건강에 대한 기분 지수가 굉장히 높지만 늙어서 몸이 제대로 움직이지 않으면 이때의 기분 지수는 떨어집니다. 여기에도 고락의 인과 관계가 있습니다.

고락, 즉 괴로움과 즐거움이 반복적으로 생기는 것을 윤회라고 합니다. 물리적으로 지옥이나 천상이 있는지 없는지는 간 적이 없기 때문에 모릅니다. 다만 내 기분이 좋으냐 나쁘냐에 따라 천상과 지옥을 오갑니다. 여기에는 부와 명예와 권력과는 아무런 상관이 없습니다.

그러니까 문제는 나 자신입니다. 예를 들어 '가족'이라는 개념은 우리에게 엄청난 무게로 다가옵니다. 가족을 위해 산다고 해도 과언이 아닌 사람이 많습니다. 옛날에는 남정네들이 가족을 내팽개치고 노름이나 하고 전국을 돌아다니며 한량으로 사는 경우도 많았습니다. 요즘에는 가정을 소중히 생각하고, 가족을 위해 목숨까지 바칠 정도로 살아갑니다.

그런데 부처님은 기가 막힌 분입니다. 출가를 계획하고 있을 때 아들이 태어났다고 해서 그의 이름을 장애라는 의미의 '라훌라'라고 지었습니다. 어쨌든 그럼에도 불구하고 가족을 버리고 출가를 했습니다. 유교적인 입장에서 보면 가족을 버리고 저 혼자 살겠다 한 것이니 윤리 도덕적으로 용납이 안 됩니다. 그런 측면에서는 우리 스님들은 모두 몹쓸 사람들입니다. 문제가 많

기분 좋은 감정과 기분 나쁜 감정
이 모든 것은 내가 지어서 생긴 것입니다.
'너 때문에'라거나 '가족 때문에'라는 말들을 하며
자신이 고생한다거나 화가 일어난다고 하는 것은
착각입니다.

은 사람인 거죠.

　부모와 자식의 관계가 천륜天倫이라고 하지만 여기서 따져볼 것이 있습니다. 고락이라는 감정은 분별하는 업으로 인과업이라고 합니다. 이것은 오롯이 각자가 가지고 있는 겁니다. 몸이 따로 존재하니, 마음과 감정, 정신도 당연히 따로 존재하겠죠. 다만, 여기에는 '집착'이라는 연결고리가 있습니다.

　우리가 가진 업장은 각자가 가진 것이지만 잠재적으로 연결되어 있습니다. 유유상종類類相從이라는 말이 있죠. 비슷한 부류의 인간 모임을 비유한 말인데, 끼리끼리 서로 잡아당기는 힘이 있기 때문에 모이는 겁니다. 그렇게 해서 부모 자식, 형제가 되어 가족이 되는 거예요. 정이 비슷하니 애착하게 됩니다. 남녀 사이의 사랑도 이와 같습니다.

　엄청난 힘으로 서로 잡아당기니 사랑할 때는 그렇게 죽자 살자 합니다. 얼마나 즐겁고 행복하고 좋겠습니까. 이때는 즐거움이라는 낙업樂業이 엄청나게 큽니다. 그런데 거기에는 그만큼의 똑같은 과보가 생긴다고 했잖아요? 언제 나타날지는 모르지만 괴로움이라는 고업苦業이 이미 생겨나 있습니다. 이것을 분명히 알아야 문제를 풀 수 있습니다.

괴로운 느낌, 즐거운 느낌, 괴롭지도 즐겁지도 않은 느낌이라고 하는 삼수작용의 근본 원인을 알아야 합니다.

영원하지 않는 상대적인 세계

지금 괴로운 감정이 생겼다면 즐거운 감정이 있기 때문입니다. 그러면 즐거운 감정은 왜 생길까? 괴로운 감정이 있기 때문입니다. 이것이 고락의 순환 고리예요. 이것을 윤회라고 했습니다.

아무리 머리가 좋고 지식이 많고, 지위가 높고 명예를 드날린다고 하더라도 그것은 이름뿐입니다. 아무것도 아닙니다. 영원하지 않는 상대적인 세계입니다. 결국 괴로울 때는 괴로울 것입니다. 이것을 해결하지 못하면 제아무리 권력이 있고 돈이 많아도 그것은 껍데기에 불과하고 허깨비라는 것을 알아야 합니다.

고락은 동전의 양면과 같아 상의상존相依相存합니다. 무게나 부피로 치면 그 양은 똑같습니다. 다만 고락업의 차이만 있습니다. 고락업이 큰 경우에는 즐거움도 크고 괴로움도 큰 거예요. 예를 들어 마약을 하는 사람들은 즐거움이 극대화된다고 합니다.

또 마약에 중독되면 죽을 정도로 고통스럽다고 합니다. 마약을 기준으로 보면 고락이 극명하게 갈립니다.

한편 고락업이 적은 경우에는 즐거움과 괴로움의 차이가 크지 않습니다. 우리가 나이 들면서 경험적으로 알지 않습니까. '인생 별거 아니더라' 하면서 기분에 휘둘리지 않고 점잖아집니다.

부처님의 경우 고락업이 제로입니다. 고가 사라지니까 즐거움도 사라지고, 즐거움이 사라지니 괴로움도 사라졌다는 말입니다. 이것을 해탈이라고 하고, 중도라고 말하기도 합니다. 성품을 본다는 의미로 견성見性이라고도 하고 오도悟道, 성불成佛이라고도 합니다. 고락이 윤회하는 것을 끊었다는 뜻입니다.

여러분들도 이러한 부처님 법을 철저하게 믿고 이해하고 행하고 체득해야 합니다. 이것이 불심입니다. 나의 고락, 즉 기분 좋은 감정과 기분 나쁜 감정 이 모든 것은 내가 지어서 생긴 것입니다. '너 때문에'라거나 '가족 때문에'라는 말들을 하며 자신이 고생한다거나 화가 일어난다고 하는 것은 착각입니다. 내가 마주하는 현상은 서로 영향을 주며 상의상존하는 것이라 실체가 없습니다.

먼지 한 톨부터 거대한 우주 세계까지 모두 연결되어 있습니다. 원인이 결과이고, 다시 그 결과가 원인이 되어 관계를 맺고 있습니다. 다시 말해, 생로병사, 성주괴공, 생주이멸하면서 변하기 때문에 무상無常이라고 하는 것이고 공이라고 하는 겁니다. 그럼에도 불구하고 우리는 착각을 계속합니다. 변하지 않는 그 무엇이 실체로 존재하는 것이라 믿고 거기에 집착하며 착각을 일으키는 겁니다.

예를 들어 내가 하는 일이 잘 안 되어 기분이 나쁘고 매우 괴롭다고 합시다. 이때 일어난 이 일은 현상입니다. 내가 눈으로 보고 귀로 듣고 코로 냄새 맡고 몸으로 감촉을 느끼는 현상입니다. 이 현상은 무수한 과거에서 지금까지 연결된 모든 삼라만상이 원인이 되어서 지금의 결과가 생기는 것입니다. 그래서 내가 단순하게 생각하는 원인과 결과와는 전혀 다를 수 있습니다.

그런데 지금 기분 나쁘고 괴로운 것이 내가 지금 눈으로 보고 귀로 들은 이 현상 때문에 그렇다고 믿고 있습니다. 하지만 내가 가지고 있는 고락업의 종자가 지금 싹을 틔운 것입니다.

경험하는 현상에 대한 연결성

부처님이나 역대 조사들은 고락업의 종자가 없으니 어떤 일이 벌어져도 기분 좋거나 기분 나쁘거나 하는 일이 생기지 않습니다. 이분들은 어떠한 현상에도 거기에 유혹되지 않고 끄달리지 않습니다. 조금이라도 기분 나쁜 것이 나타나지 않습니다. 일이 이렇게 되어도 저렇게 되어도 상관이 없습니다.

그렇다면 나는 어떻게 그렇게 할 수 있느냐 하면서 문제를 해결해야 합니다. 가장 좋은 방법은 간화선을 하면서 '이 뭐꼬' 화두를 들고 방하착放下着해버리면 간단합니다. 하지만 우리들 대부분은 근기가 약해서 쉽지 않습니다. 그래서 선명상에서 시작하라는 말입니다. 선명상을 계속 강조하는 이유는 '외롭지 않은' '괴롭지 않은' '기분 나쁘지 않은' '고통스럽지 않은' … 이러한 상태를 위함입니다.

내가 눈으로 보고 듣는 이 실재하는 현상은 인연생기因緣生起하는 것입니다. 다시 말해, 모든 현상 원인(因)과 조건(緣)의 상호관계 속에서 성립된다는 뜻입니다. 줄여서 연기緣起라고 합니다.

우리가 경험하는 현상은 모두 비교해서 보게 됩니다. 유무, 상하, 대소, 미추, 원근 등 많습니다. 생사와 생멸도 마찬가지입니다. 이러한 비교는 이것이 있으니까 저것이 또 생기는 겁니다.

시공간에 대한 것 외에 주관적 관념이 또 있습니다. 옳고 그름, 좋고 나쁨, 긍정 부정, 선과 악 등이 그것입니다. 자기가 아는 것만 옳다고 주장합니다. 자기중심적이라는 게 굉장히 무서운 것입니다. 이럴 때 고락의 인과가 생기기 때문입니다.

온 우주가 연결되어 있고, 삼라만상이 서로 상의상존한다고 말씀드렸습니다. 원인과 결과가 계속 중첩되면서 현상으로 나타나기도 합니다. 지진이나 태풍도 저 혼자 일어나는 것이 아니지 않습니까. 엄청난 시간과 공간 속에서 서로 영향을 주고받으며 중첩된 인연으로 일어나는 것입니다. 지금의 기후위기도 마찬가지입니다. 이것이 내가 경험하는 현상에 대한 연결성입니다.

현상과 마음의
관계를 이해하며

어떤 분은 바빠서 명상하기 힘들다고 합니다. 운전하면서 예

불과 기도를 하고, 걸으면서도 연구에 몰두한다고 합니다. 틈틈이 고요히 앉아서 명상을 해보지만 온갖 생각이 떠올라 집중이 되지 않는다고 합니다. 그러면서도 어떻게 하면 집중해서 명상을 할 수 있는지 묻습니다.

선명상을 할 때나 하지 않을 때나 마음이 힘들기는 매한가지이기 때문에 정진해야 할 이유를 모르겠다는 분도 있습니다. 이것은 정진을 제대로 하지 않아서 그렇습니다.

정진이라 함은 쉬지 않고 계속하는 겁니다. 정진을 욕심으로 하면 정진하고 싶을 때 하고, 하기 싫으면 다른 핑계를 대며 벌떡 일어나버립니다. 또 집중이 잘 되어 '정진이 잘 된다' 하나가, 집중이 되지 않으면 '정진이 힘들다' 하는 것은 고락업에 놀아나는 것입니다. 지금 일어나는 내 마음을 잘 살피는 것이 필요합니다. 거기에 좋다 싫다 하는 마음을 얹지 마십시오.

하루에 아무 때나 5분만 하십시오. 선명상을 하면서 온갖 생각이 떠오르는 것은 당연합니다. 떠오르는 생각을 그냥 바라보며 흘려보냅니다. 명상을 할 때 올라오는 잡념을 바라보며 자신의 감정을 살펴보는 훈련을 5분만 하십시오. 몸과 생각을 멈추는 시간이라 생각하고 앉아 지금의 기분 상태를 고요히 살피기

2. 현상과 마음의 관계 이해하기

만 하세요. 그러다가 명상 시간을 점점 늘리면 됩니다. 일단 시작하십시오.

선명상을 시작할 때 먼저, 편안하게 허리를 펴고 앉습니다. 그리고는 우선 숨을 고르게 해야 합니다. 움직이거가 앉거나 마음이 복잡하면 호흡이 거칠고 고르지 않습니다. 가만히 앉아서 호흡을 미세하게 가라앉히고 고르게 해야 합니다. 그리고 눈은 반쯤 뜨고 한 지점을 응시할 수도 있고 감아도 됩니다.

선명상을 처음 하실 때는 가능한 일정한 공간에서 앉아서 하는 것이 좋습니다. 이것이 익숙해지면 서서도 하고, 누워서도 하고, 걸어다니면서도 할 수 있습니다. 이때 어떤 자세를 하더라도 똑바로 하는 것이 필요합니다.

호흡을 관찰하는 것도 좋고, 염불이나 독경을 해도 좋습니다. 처음에는 5분만 하는 것을 권했지만 점차 시간을 늘려가는 것도 방법입니다. 그리고 시간을 정해 규칙적으로 하는 것도 좋습니다.

내가 보고 듣고 경험한 현상에 대해 나의 감정을 분리하세요. 분리되지 않는 감정이 나타나면 '이것이 나의 거울이다'라고 생각해야 합니다. 나의 분별업을 보여주는 거울이라는 거죠. 연습이 많이 필요합니다. 처음에는 호흡을 가라앉히고 감정을 최소화하는 것을 연습하십시오.

마음의 평화를 향한 첫걸음

지금까지는 괴로움이 왜 생기는가, 또 괴로움은 과연 없앨 수 있는가 하는 문제를 들여다보았습니다. 고락苦樂, 즉 괴로움과 즐거움으로 반복되는 업의 현상, 업의 과정에 대해 말했습니다. 또 우리가 눈, 귀, 코, 혀, 몸, 뜻으로 경험하는 보고, 듣고, 냄새 맡고, 맛보고, 감촉으로 느끼고, 생각을 일으키며 경험하는 모든 현상이 과연 진실한지 물었습니다.

| 괴로움을
| 제어하는 방법

지각이나 감각으로 경험할 수 있는 현상세계와 고락이라는 우리의 감정, 이 두 가지를 분명히 알면 스스로 괴로움을 조금이라도 제어할 수 있습니다. 알지 못하면 현상세계 속에서 괴로워하며 살게 됩니다.

괴로움을 완전히 제어한 상태를 해탈이라고 하죠. 우리가 부처라고 일컫는 것을 깨달음의 경지, 성불, 중도, 견성, 해탈, 열반, 니르바나, 무상정등각無上正等正覺, 보리 등 다양하게 표현하고 있습니다. 이러한 상태는 괴로움 대신 즐거움을 얻었다는 것이 아니라 '괴로움이 사라졌다'는 뜻입니다.

불교 교리 가운데 연기緣起를 열두 가지로 나누어 인과관계를 설명한 것이 십이연기十二緣起입니다. 과거에 지은 업에 따라서 현재의 과보를 받고, 현재의 업에 따라서 미래의 고苦를 받게 되는 열두 가지 인연을 말합니다.

그 열두 가지는 무명無明, 행行, 식識, 명색名色, 육입六入, 촉觸,

수受, 애愛, 취取, 유有, 생生, 노사老死입니다. 앞의 무명, 행, 식의 세 가지는 내가 태어나기 이전의 전생에 만들어진 것이라 할 수 있습니다. 소위 업식이라고도 합니다. 이것이 훈습薰習되어 지금 나의 버릇이 되어 반복하는 것입니다.

부모를 닮는다는 것은 얼굴 모양 등 신체를 닮는 것도 있지만 부모의 업식이 전이되어 닮는 것입니다. 서로 끌어당기는 힘으로 애착이 붙어 닮는 것입니다. 애착을 통해서 즐겁거나 괴롭고, 기쁘거나 슬픈 감정을 느끼는 것입니다.

여기에는 대가가 따릅니다. 부모 자식 사이에도 평범하게 효도하고 자식 사랑하면서 일생을 산다면 가장 이상적입니다. 하지만 가장 사랑하고 애착하기 때문에 가장 고통스럽고 힘든 경우가 많이 생깁니다. 두 가지 극단적인 감정을 괴로움과 즐거움, 고락으로 나누어 봅니다.

괴로움과 즐거움, 이 가운데 하나가 생기면 당연히 다른 하나가 생깁니다. 언제 생기느냐 하는 시점이 다를 뿐입니다. 해가 뜨면 지고, 밀물과 썰물이 있듯이 명백한 현상으로 어김없이 일어납니다.

이러한 현상은 상대적인 것으로 서로 인연하여 일어나는 것입니다. 이것을 분명히 알아야 의심하지 않습니다. 어떠한 일이 벌어지더라도 있는 그대로 보고 당연한 소치, 필연적인 결과로 받아들입니다. 그렇지 않으면 신세 한탄을 하며 억울해 합니다. 괴로움이 끝나지 않습니다.

그런데 우리는 그렇게 살지 않습니다. 매 순간마다 내가 보고 듣는 것, 소위 인식하는 것을 바탕으로 거기에서 즐거움을 얻고 다시 괴로움을 얻습니다. 이것이 악순환하는 것이 고락의 윤회입니다.

과학문명의 발전,
욕심의 산물

고대 그리스의 철학자 플라톤은 이데아(idea) 이론을 펼쳤습니다. 감각적으로 경험할 수 있는 현상세계는 참된 것이 아니라고 보았습니다. 현상세계는 끊임없이 변화하는 과정 속에 있기 때문에 세상의 본질을 탐구할 수 없다고 본 것입니다. 당시 상대적 관점과 경험의 중요성을 강조하는 시각을 비판한 것입니다. 플라톤이 말하는 이데아는 불교적으로 해석하면 불성佛性입니다.

역사적으로 인류가 시작된 이래 몇 백만 년을 살아오면서 발전에 발전을 거듭해 오늘에 이르렀습니다. 인류 전체의 역사 가운데 최근 100년간의 발전이 비약적인 성장을 이룬 것입니다.

과학문명이 발전하면서 4차 산업혁명을 넘어 AI시대까지 왔습니다. 아마 앞으로는 자동차가 없어지고 도로가 없어질 것입니다. 더 나아가면 육체도 필요 없게 될 것입니다. 미국에 가려면 내 몸을 비행기에 태워서 물리적으로 가야 되는데 그럴 필요가 없는 시대가 올 것입니다.

이런 말을 하는 이유는 이렇게 고도로 발전된 사회에서 살고 있고, 더 발전된 세계를 상상할 수 있지만 우리의 괴로움도 함께 없어졌냐고 묻기 위함입니다. 그렇게 애쓰고 노력하여 발전해왔는데도 불구하고 나의 근심, 걱정, 괴로움, 고통이 없어졌습니까? 과학이 왜 발전하고, 문명이 왜 진보해왔을까요? 이것은 괴로움을 없애는 것과는 별개로 우리 욕심의 산물일 수 있습니다.

한편 인류는 심리학, 정신분석학 같은 사람의 마음에 관한 연구, 철학, 종교 등 여러 가지 방법을 통해서 더 행복해지고 괴로움을 없애려고 노력해왔습니다. 하지만 괴로움은 없어지지 않았습니다. 종교를 들여다보면 기독교의 경우 감성적인 종교라 무

조건 믿어야 합니다. 이론의 여지가 없어요. 하지만 불교의 경우 이성적인 철학을 바탕으로 합리적 타당성이 없으면 인정을 하지 않습니다.

여기서 몇 가지 묻고 싶은 것이 있습니다. 이러한 것들을 안다고 해서 괴로움이 없어지고, 모른다고 더 괴로울까요? 이 세상은 우리가 알 수 없는 일들이 많이 벌어지고 있습니다. 하지만 이해할 수 없는 일들에 대해서 운수, 재수, 우연 등으로 치부할 수 있을까요? 좋든 싫든, 이해할 수 있든 없든 일어날 일은 일어나고 있습니다. 그 결과를 받아들이거나 받아들이지 않는 것은 나의 문제임을 분명히 알아야 합니다.

경험하는 현상세계는 허구

부와 명예, 권력을 얻었다고, 하물며 종교인이라고 해서 과연 괴로움이 없을까요? 중중무진重重無盡으로 겹친 인연들이 겹치고 겹쳐 현상으로 나타날 뿐이지 돈, 명예, 권력과는 아무 상관이 없습니다. 부와 명예, 권력을 얻으면 행복하다고 하는 사람도 있습니다. 즐겁고 행복할 수 있지만 이것은 인과업으로 인해 반드시 상대적인 대가를 불러옵니다. 이 대목을 잘못 이해하여, 그렇다면 우리가 노력하며 살 이유가 없지 않느냐 하는 사람도 있습니다. 괴로움이 왜 생기는지 그 원인과 실체를 모르고는 괴로움을 절대 해결할 수 없습니다.

우리가 경험하는 현상세계는 바라보는 관점이 어떻습니까? 있는 그대로 바라보지 못하고 전부 계산을 하고 있습니다. 이 사람은 좋다 싫다, 이 일은 옳다 그르다 하며 자신의 업식을 보태고 있습니다.

우리의 마음과 심리 현상을 설명하기 위해 불교에서는 인식기관과 인식대상, 인식작용 등을 십이처十二處, 십팔계十八界 등으로 나누어 설명하고 있습니다. 모든 공간을 표현하는 시방세계, 과거·현재·미래 등 시간의 영원성을 표현하는 십세十世 등의 표현들로 시공간을 설명합니다. 이 모든 것들에서 나타나는 현상은 결국 나의 인식, 즉 좋고 싫은 감정으로 귀결될 수밖에 없습니다.

잔인하게 들릴 수 있지만 세상이 무너져도 내가 거기에 별다른 문제의식이 없으면 편안할 수 있습니다. 반대로 세상이 아무리 평화롭고 극락세계라 할지라도 내가 슬프고 괴로우면 아무

소용이 없습니다. 결국 모든 것이 나로 귀결됩니다. 이 말은 애착하는 부모, 자식, 연인 등 많은 관계 속에서 살아가지만 각자 가지고 있는 고락의 업식이 자신의 전부라는 뜻입니다.

부모님이 돌아가시거나 자식이 죽으면 슬픕니다. 그렇게 슬프면 계속 슬퍼하고 괴로워해야 하는데 시간이 지나면 무뎌집니다. 결론적으로 말하면 우리가 경험하는 현상세계는 허구입니다. 우리가 경험하는 현상세계, 즉 색은 공입니다.

『반야심경』에서는 '색즉시공色卽是空 공즉시색空卽是色'이라고 했고, 『금강경』에서는 '여몽환포영如夢幻泡影 여로역여전如露亦如電'이라고 했습니다. 또 『금강경』에서는 '범소유상凡所有相 개시허망皆是虛妄 약견제상비상若見諸相非相 즉견여래卽見如來'라고 했습니다. 한마디로 이야기하면 '실체가 없다'는 것입니다.

좋다 나쁘다, 옳다 그르다 하는 것은 상대적인 나의 관념, 나의 인식이지 실체가 없습니다. 그런데 우리는 이러한 상대적 관념을 자신의 것이라 착각하며 살고 있습니다. 이렇게 말하면 그렇다고 해서 괴로움이 없어지냐고 따집니다.

내가 경험하는 현상세계를 있는 그대로 볼 수 있어야 합니다.

그런데 실체 없는 현상을 보고 희로애락을 느낍니다. 현상세계가 실체가 없다는 것을 분명히 알면 거기에 집착하지 않고, 집착하지 않아야 괴로움이 생기지 않습니다.

존재하는 모든 것

실존實存(existence)에 대한 철학적 사유는 오래되었습니다. 실재實在(reality)와 실존 등 형이상학의 영역으로 존재에 대한 철학적 학문을 온톨로지(Ontology)라고 합니다. 실재하거나 상상하는 것 모두가 존재입니다. 실손이냐 관념이냐 하는 차이만 있을 뿐입니다. 이 모두를 현상이라고 할 수 있습니다.

유식불교에서는 '일수사견一水四見'이라고 합니다. 물을 보는 입장에 따라 네 가지로 달리 본다는 뜻입니다. 천상에서는 보배로, 사람에게는 마시는 물로, 물고기에게는 집으로, 아귀에게는 피고름으로 보인다는 뜻으로, 한 가지 현상을 놓고도 보는 입장에 따라 다르게 해석될 수 있다는 의미입니다.

하늘의 별과 달을 볼 때에도 우리의 감각기관으로 보는 것이 아니라 다른 어떤 존재가 본다면 어떻게 보일까요? 물고기가 물을 보는 것처럼 전혀 다르게 볼 겁니다. 개나 고양이 등 다른 동물들이 보는 것과 사람이 보는 것에도 컬러의 차이가 있다고 합니다. 이런 것을 두고 어떤 것이 더 좋다거나 나쁘다고 할 수 있을까요?

현상세계에 대해서도 마찬가지입니다. 각자가 가진 고락업의 차이에 따라 전혀 다르게 받아들이고 반응합니다. 동물이든 천상인이든 사람이든 고락업의 크기에 따른 차이만 있을 뿐이지 고락은 동전의 양면처럼 똑같습니다. 다른 관점으로 보는 어떤 존재가 이 우주를 본다면 어떻게 볼까요? 사물 자체를 우리처럼 볼까요? 그래서 영혼이라는 것이 대두됩니다.

우리 몸이 없어져도 어떤 식견 또는 업식이라는 것이 존재할까 아닐까 하며 분석도 많이 합니다. 본성의 자리에서는 그런 것이 없다고 하겠지만, 우리가 눈, 귀, 코, 혀 등의 감각기관으로 인식할 때에는 그 연장선상에서 영혼은 있다, 윤회한다라고 말합니다. 고락 자체가 영혼이라고 보는 거죠. 그래서 불교에서는 이 현상세계는 인연생기한다고 말하는 겁니다.

여기 한 물건이 있습니다. 이것을 구성하는 요소를 쪼개고

쪼개며 들여다보면 분자, 원자, 소립자素粒子(Elementary Particles) 또는 쿼크(quark) 등으로 이루어져 있다고 합니다. 우리가 실체라고 말하는 물리적인 것들이 전부 작은 알갱이들의 집합인 것입니다. 이 알갱이가 단독의 모습으로 존재하는 것이 아니라, 있기도 하고 없기도 하면서 서로 이합집산離合集散하면서 만들어진 것이죠.

그런데 끊임없이 변화하기 때문에 어떤 순간을 '나'라고 하고, 어떤 순간을 내가 경험하는 현상세계라고 할 수 있겠습니까? 그럼에도 불구하고 우리는 함부로 재단하고 평가합니다. 현상세계는 우리가 생각하는 것과 그 내용이 전혀 다를 수 있습니다.

시간과 공간—
상대적이고 주관적인 것

현상세계는 서로 비교해서 생겨납니다. 이 또한 있는 그대로 보는 것이 아닙니다. '위' 하면 '아래'가 생깁니다. 한 물건을 두고 작은 것과 비교해서 크다고 합니다. 더 큰 것을 두면 작다고 합니다. 상대적이기 때문입니다. 한 물건 자체는 크다고도 할 수 없고, 작다고도 할 수 없습니다. 그러니 주관적 판단을 하며 함부로 크다 작다 논할 수가 없습니다.

우리가 사는 지구는 엄청나게 크고 넓습니다. 하지만 태양계에서는 아주 작은 점에 불과합니다. 어떤 별은 지구에서 수억 광년 떨어진 것도 있습니다. 그 별을 보고 있지만 이미 사라진 별도 있습니다. 우리에게 오고 있는 그 빛을 보는 거예요. 그러니 얼마나 허망합니까.

한 티끌 속에 우주가 들어 있고, 시방세계 또한 더 큰 우주에서 보면 점에 불과합니다. 어떻게 보느냐에 따라 공간 개념이 이렇게 달라집니다. 시간 또한 마찬가지입니다. 인간이 가진 시간 개념과 동물이 가진 시간 개념이 서로 다르다고 합니다. 순간의 시간을 '찰나刹那'라고 하고, 엄청나게 긴 시간을 '겁劫'이라고 합니다.

'현재'라고 하는 순간 이미 '과거'가 되어버리기 때문에 이 또한 알 수 없고 얻을 수 없다고 했습니다. 『금강경』에서는 '과거심불가득過去心不可得 현재심불가득現在心不可得 미래심불가득未來心不可得'이라고 했습니다. 그런데도 지나간 과거를 붙들고 괴로워하고, 오지 않은 미래를 두고 근심하고 걱정합니다. 착각하며 살고 있습니다.

3. 마음의 평화를 향한 첫걸음　　069

「법성게」 제12구에서는 '무량원겁즉일념無量遠劫卽一念 일념즉시무량겁一念卽是無量劫'이라고 했습니다. 영원한 겁이 바로 한 생각이며, 한 생각이 곧 무량한 세월이라는 뜻입니다. 찰나의 한 생각 속에 삶과 죽음의 세계가 전부 들어 있다는 말입니다. 우리의 번뇌와 해탈도 여기에서 시작됩니다.

깨치면 시공이 사라져버립니다. 찰나도 사라지고 겁도 사라집니다. 찰나의 시간을 어마어마하게 늘어뜨리면 천년도 갑니다. 그와 마찬가지로 찰나의 한 생각이나 인식도 늘어뜨립니다. 늘어난 관념의 세계 속에서 시간을 활용하는 겁니다. 여러분은 정지해 있는데 나는 할 일을 다 합니다.

손오공이 신통을 많이 부립니다. 그러면 괴로움이 없느냐? 아니잖아요. 맨날 불만이잖아요. 마찬가지로 우리들도 빌딩도 짓고, 자동차도 만들며 온갖 신통을 부리지만 괴로움이 없어지지 않습니다. 이 모든 것은 괴로움과는 별개의 문제입니다.

우리는 모든 것을 주관적으로 판단하고 받아들입니다. 장님이 코끼리 만지는 식으로 자기가 만진 부분이 코끼리의 전부라고 생각합니다. 옳다 그르다, 좋다 싫다 하는 모든 판단이 주관적입니다. 굉장히 착각하는 것이지만 그보다 나에게 '괴로움'으로 다가오는 것이 더 큰 문제라는 것을 알아야 합니다.

중중무진으로 겹친 원인과 결과

　현상세계는 모든 인연이 중중무진으로 중첩되어 결과를 만듭니다. 얼마 전에 큰 교통사고 소식이 전해졌습니다. 운전자가 가속 페달을 밟았다거나 졸음운전을 했다거나 하는 이유가 있습니다. 물론 직접적인 원인이 있겠지만 졸음운전을 했다면 그 원인이 있을 것이고, 그 원인의 원인이 또 있을 겁니다. 이런 수천수만 가지 원인이 중첩되어 교통사고라는 하나의 결과를 일으키는 것입니다. 단순히 우리가 인식하는 그 원인만 교통사고의 원인이라고 규정할 수는 없는 겁니다.

　아름다운 숲이 하나 있습니다. 거기에는 나무와 풀, 동물과 벌레 등 온갖 생물들이 살아갑니다. 그 안에는 벌레들 사이에 전쟁이 일어날 수 있습니다. 진영을 나누고 편을 갈라 싸우면서 난리가 납니다. 그런데 그것을 보고 어느 쪽이 옳다 그르다 규정할 수 있나요? 거기에 우리가 간섭할 수 있나요? 그럴수록 숲이 더 활성화되고 생기 있다고 오히려 좋게 보지는 않을까요?

인간 사회도 마찬가지입니다. 저 멀리 떨어진 어떤 존재가 인간을 본다면 서로 죽이네 살리네 하며 전쟁을 하는 것을 보고 어느 쪽이 옳다 그르다 하며 판단할까요?

앞서 말했듯이, 수만 가지 원인과 조건들에 의해서 하나하나의 현상들, 하나하나의 결과들이 나타납니다. 이것을 두고 어떤 것이 원인이고 어떤 것이 결과라고 규정할 수 없습니다. 그럼에도 불구하고 인간은 그것을 두고 옳다 그르다 하며 시시비비합니다. 그조차도 하나의 현상이라 할 수 있습니다.

그래서 부처님은 현상세계는 연기된 것이고 모두 공하다고 말씀하셨습니다. 지진이나 태풍으로 피해가 엄청나게 발생해도 지진이나 태풍을 탓할 수 없습니다. 우리는 살아가면서 억울한 일들을 많이 겪습니다. 이때 '재수가 없어'라거나 '운수가 나빠'라며 넘어가는 경우가 있습니다. 부처님께서는 그조차도 원인과 결과가 이어지는 인연연기, 인과 작용으로 보셨습니다.

중중무진으로 겹치고 겹쳐 원인의 원인들이 모여 현상이 일어난 것입니다. 그럼에도 불구하고 생로병사하고 성주괴공합니다. 남는 건 '나의 괴로움'입니다. 그냥 모든 것이 지나가버리면 좋겠는데 과거의 것이 현재로 이어지고 현재의 것이 미래로 이어지면서 겹치게 됩니다.

눈, 귀, 코, 혀, 몸, 머리라는 여섯 가지 인식 기관으로 대상을 마주하며 인식하게 됩니다. 이 안에 모든 존재 현상이 다 들어 있습니다. 불교에서는 이러한 존재를 '유有'라고 하고 물질세계를 '색色'이라고 표현합니다. 우리가 경험하는 현상세계, 인식이나 감정이라는 '유'는 영원히 제로가 되지 못합니다.

제일 작은 정수 1이 있을 때, 이것이 1, 2, 3, 4 … 증가할 수 있습니다. 또 반대로 -1, -2, -3, -4 … 감소합니다. 서로 상반된 것이 생기면서 영원히 0이 되지 못한다는 말입니다. 앞서 말했듯이 물질을 이루는 구성요소를 아무리 잘게 쪼개어도 없어지지는 않습니다. 분자, 원자, 소립자 등으로 점점 더 작아질 뿐입니다. 이것을 현상이라고 합니다.

여기서 빠져나온 것이 '0'입니다. 이것을 불교적으로는 공空이라고 합니다. 우리의 감정 자체도 고락, 즉 즐거움과 괴로움, 행복과 불행 등 이 두 가지 양면성이 필연적입니다. 하나가 생기면 반드시 다른 것이 생기기 때문입니다. 그런데 여기에서 빠져나온 것이 '0'입니다. 여기에는 무엇이 붙을 수 없습니다.

선불교에서는 '성성적적惺惺寂寂'이라고 표현합니다. 고요한 가운데 깨어 있고, 깨어 있는 가운데 고요해야 밝고 평화로운 삶을 누릴 수 있습니다. 이렇게 고요함과 깨어 있음이 균형을 이룬 상태, 이것을 깨달음이라고 합니다.

어떠한 현상이 일어나도
괴로움이 없다

깨닫기 위해선 고락이라는 업을 없애야 합니다. 물론 쉽지 않습니다. 도저히 깰 수도 없고 빠져나갈 구멍도 없어 금성벽金城壁이라고 합니다. 철벽 중에 제일 센 철벽을 표현한 말입니다. 하지만 이것을 완전히 박살내는 것이 선禪입니다.

간화선으로 해탈하여 고락에서 빠져나올 수 있습니다. 즉 어떤 괴로움도 붙지 않는 제로(0)가 됩니다. 이것을 해탈, 니르바나, 성불, 견성이라고 합니다. 그렇게 되면 내가 무엇을 하든 어떤 말을 하든 어떤 생각을 하든 완전히 자유롭고 걸림이 없는 무애無碍의 경지에 이릅니다. 내가 하는 행동, 말, 생각이 오염되지 않고 청정해집니다.

지금이라도 고락이라는 감정을 일으키지 않아야 합니다. 고락이라는 감정을 일으키지 않기 위해서 시작하는 것이 선명상입니다. 마음을 시끄럽게 하는 원인을 제거하여 고요해지는 겁니다. 선명상은 누워서 하든 앉아서 하든 걸으면서 하든 자신의 방법에 맞게 하면 됩니다.

내가 가진 육신으로 보고 듣게 되니 내가 보고 듣는 데에서 고락이라는 것이 생깁니다. 우연히 생겨나는 것은 없습니다. 나의 괴로움을 덜어내고 덜어내어 나의 아뢰야식, 잠재의식 속에 저장돼 있는 고락의 업식을 완전히 제거해야 합니다.

서양 철학자들이 주장한 내용들이 불교적 이론을 많이 가지고 있습니다. 고대 그리스의 철학자 소크라테스의 유명한 말 '너 자신을 알라!'라는 것에서 '너 자신'이 바로 고락의 업을 말하는 겁니다. '너의 불성을 알라' '너의 중도를 알라' '너의 본성을 알라' 이렇게 바꿔서 표현할 수 있습니다.

앞서 말한 플라톤의 이데아도 마찬가지입니다. 존재와 감각 세계 너머에 있는 실재를 말하고 있습니다. 경험 세계를 넘어서는 인식 최고의 단계, 그것이 바로 해탈이고 열반입니다.

선명상은 몸을 멈추고
생각을 멈추는 것

일생의 고와 낙이 같은 양으로 다가온다면 현재의 고통을 극복하기 위한 노력이 의미가 없다는 뜻이냐고 묻는 사람이 있습니다. 만약 그렇게 받아들인다면 노력하면 늙지도 않아야 하고 병에도 걸리지 않아야 하고 죽지도 않아야 합니다. 하지만 그것과 별개로 고통의 시간은 옵니다. 노력하지 말라는 뜻이 아닙니다.

노력을 해도 괴로움이 생길 때가 있을 겁니다. 옛 선사들은 무애자재와 방하착을 이야기했습니다. 우리가 경험하는 현상을 있는 그대로 보아야 하는데 우리는 그렇게 하지 못합니다. 거기에 나의 고락의 업식을 보태기 때문에 괴로움이 일어나는 것입니다. 있는 그대로 보는 방법이 선명상이고, 선명상으로 그 괴로움을 극복해나가라는 것입니다. 더 큰 효과를 보라는 것입니다.

아침저녁으로 매일 명상을 하면서 이론적으로는 이해가 되지만 배운 것이 마음에 와닿지 않는다는 사람이 있습니다. 우리는 명상을 할 때 막 기분이 좋아지고 즐겁고 행복한 무엇을 바라는 경우가 있습니다. 명상은 몸을 멈추고 생각을 멈추는 것입니다. 그래도 온갖 생각이나 감정들이 일어납니다. 이때 내 안에 '업이 나타나고 있구나' 하고 바라보는 것 자체가 선명상입니다.

고락의 업에 대한 충분한 이해가 되지 않더라도 자신의 상태를 있는 그대로 느끼고 알아차리면 됩니다. 단지 알아차리기만 하면 됩니다. 고락의 마음, 감정을 일으키지 않아야 합니다. 고락의 업이 줄어들면 괴로움도 그만큼 줄어들 것입니다. 이렇게 해야 한다거나 저렇게 해야 한다는 생각 등 뭘 자꾸 바라는 마음을 가지면 그 자체가 고락의 업이 됩니다. 그렇게 꾸준히 연습을 해야 합니다.

선명상을 할 때 어디에 초점을 둬야 할까요? 천둥 번개가 치고 비가 내리거나, 구름이 사라지고 맑아져 햇볕이 내리쬐는 모든 것들은 하나의 현상입니다. 여기에 의미를 부여할 필요가 없습니다. 현상은 수많은 조건에 의해 일어날 뿐입니다. 의미 부여를 하며 감정을 일으키는 것이 괴로움입니다.

우리에게 고통과 번뇌, 망상 등이 끊임없이 나타나는 것은 이러한 현상과 줄탁동시이기 때문입니다. 이러한 현상을 보고 내 안에 있던 것들이 나타나는 겁니다. 이것을 관하는 것이 선명상입니다. 내가 고통스럽거나 기분이 나쁘거나 우울한 것들은 순전히 나의 고락 업식이 나타난 것이기 때문에 그것을 관하는 것이 중요합니다.

일상 속 명상의 힘

부처님께서는 왜 출가를 하셨을까요. 괴로움을 없애기 위해서입니다. 부처님은 그 때문에 출가를 하셨고 완벽하게 괴로움을 타파하셨습니다. 달마대사나 육조혜능대사 등 부처님의 법을 이어 깨달음을 얻은 조사들도 괴로움에서 완전히 벗어났습니다.

괴로움에서 벗어나는 방법은 간단하지만 실은 그렇게 금방 체득되지 않는 것이 보통 사람의 현실입니다. 그래서 선명상이 필요합니다. 특히 젊은이들은 선명상을 접하며 마음이 편해지는 체험을 해보기를 바랍니다. 수십 년 절에 다녔지만 불교가 뭔지 깨달음이 뭔지 모르겠다는 불자들 역시 선명상을 접해보고 체험해보기를 권합니다.

감정 놀음 —
업에 대해서

보고, 듣고, 냄새를 맡습니다. 육근六根이라 부르는 눈, 귀, 코, 혀, 몸 그리고 뜻의 여섯 가지 통로로 외부 세계를 감지합니다. 우리는 이런 외부 세계를 대상, 존재, 때로는 실존이라고도 부릅니다. 불교적으로 보면 하나의 현상입니다.

그래서 현상이 현현顯現했다는 표현도 합니다. 현상을 제대로 보지 않으면 항상 현상에 끄달려 살 수밖에 없습니다. 눈에 무엇이 보이는지, 귀에 무엇이 들리는지에 따라 감정이 쉼 없이 움직입니다. 물은 물로, 산은 산으로 있는 그대로 봐야 하는데 우리는 그것에 감정을 얹습니다. 여기에 오류가 생깁니다.

예를 들어봅시다. '철수가 간다.' 이것은 사실의 모습을 나타냅니다. '영희는 예쁘다.' 여기에는 주관적인 감정이 들어가 있습니다. 이것을 '분별'이라고 말합니다. 분별은 일종의 감정 놀음입니다. 감정 놀음이 쌓이면 업이 됩니다.

좋은 감정이 있다면 싫은 감정도 반드시 생깁니다. 행복한 감정이 생기면 그에 따라 불행한 감정도 생깁니다. 이것이 있으면 저것도 반드시 있다는 겁니다. 이러한 업은 오롯이 내 몫입니다. 이러한 감정 놀음의 진폭이 너무 커지면 극단적으로 좋아할 때는 극단적으로 싫어하는 감정이 반드시 생깁니다. 인과因果가 발생하는 겁니다.

어떤 사람이 너무 유쾌하고 너무 밝고 발랄한 성격을 보인다면 그 사람은 어떤 상황에서는 우울증 증세를 더욱 강하게 겪을 수 있다는 심리학적 분석도 있습니다. 양극단이 같이 존재한다는 것이지요.

서양 철학자들이 논하는 '현상'이나 '인식하는 대상'은 불교식으로 말하면 '자업자득'입니다. 우리는 육근으로 대상을 인식합니다. 우리가 인식하는 대상을 불교에서는 육경六境이라고 합니다. 내 눈에 보이는 대상, 내 귀에 들리는 소리, 그것에 내 주관적인 인식이 붙습니다. 그 순간 비교가 생깁니다. 높다 낮다, 크다 작다, 많다 적다 비교합니다.

우주 공간을 시방十方이라고 부릅니다. 동서남북의 사방四方에 네 귀퉁이인 사우四隅, 상하上下를 합쳐 부르는 말입니다. 우주의 끝이 어디인지 알 수는 없지만 우리가 인식하는 범위는 한

4. 일상 속 명상의 힘   083

정되어 있습니다. 과학적으로 보자면 우리가 보는 은하수 위에 다른 은하수가 있고 그 위에 또 다른 은하수가 있다고 합니다. 불교에서는 욕계欲界 6천天 위에 색계色界 18천이 있고 그 위에 무색계無色界 4천이 있어 스물여덟 개의 하늘이 있다고 합니다. 여기서 정말 하늘이 스물여덟 개가 있느냐 없느냐, 은하수 위에 다른 은하수가 있느냐 없느냐는 중요하지 않습니다. 그럼 무엇이 중요할까요?

"내 마음이 편안한가? 내 마음이 불편한가?"

내가 시방세계 모든 우주를 인식할 수 있다고 해도 마음 하나 불편하면 소용이 없습니다. 감정을 얹어서 생기는 분별, 그것이 원인이 되어 결과가 생기고 그 결과가 다른 원인이 되어 돌고 도는 것을 이른바 윤회라고 합니다. 이것이 생기니 저것이 생깁니다. 그러니 내 감정을 내가 제어할 때 업멸, 업장소멸을 한다고 말할 수 있습니다.

자기 삶을 영위하기 위해 일을 하고 돈을 벌고 가족을 꾸리는 것 모두 본인의 선택입니다. 자기 좋으려고 일을 하고, 자기 좋으려고 결혼도 하고, 자기 좋으려고 자식도 낳습니다. 그래서 어느 때는 자기 마음대로 되지 않는다고 자식과 싸우는 경우도 생깁니다. 그럴 때는 이렇게 말합니다. '내가 다 너 잘되라고 이렇게 하는 거다.' 이 말은 업으로 보면 핑계입니다.

감정 덩어리, 윤회

우리는 각자의 업대로 살아갑니다. 조건에 따라 부모와 자식이 되는 것인데 여기에 내 의지는 지극히 작습니다. 길을 가다 돌부리에 걸려 넘어졌다고 했을 때 여기에는 자기 의지가 들어 있지 않습니다. 그렇게 될 조건이 있을 뿐입니다. 그럴 때 인연이 그렇다고 표현합니다.

지구에 태어난 것도, 한국에 태어난 것도, 내 부모를 만난 것도 어느 하나 내 의지가 들어 있지 않습니다. 어떠한 조건이 되어서 내가 여기 있을 뿐입니다.

내 의지대로 했다고 말할 때 어느 정도 자기만족도 있겠고 그렇게 믿고 싶을 수도 있습니다. 하지만 현실을 보면 내 의지대로 되는 일은 없습니다. 태어난 것도 내 의지가 아니었는데 태어나면서 본인이 정한 무슨 목표가 있겠습니까. 그렇게 조건 지어

내가 무엇을 본다는 건
내 안의 업이 그것을 본다는 뜻입니다.
예를 들어 볼 때마다 미운 사람이 있다면
내 안에 그런 모습을 미워하는
업식이 있다는 것입니다.

졌을 뿐입니다. 그러한 조건에서 비교적 만족하며 살 뿐입니다.

문제는 감정이 남는다는 것입니다. 감정 덩어리, 즉 기분입니다. 좋다 나쁘다 하는 기분이 왔다 갔다 하면서 윤회합니다. 고와 락이 윤회하며 업을 만듭니다. 분별과 감정이 합쳐진 덩어리, 흔히 유정有情이라고 합니다. 이러한 감정 덩어리를 제외한 나머지는 연기緣起하고 있다가 사라집니다.

그래서 함부로 '내가 노력한다'고 말할 수 없는 것입니다. 사회적으로 보면 열심히 일을 해서 살아가고, 나도 좋고 너도 좋은 자리이타의 삶을 산다 하고 자비행을 한다고 표현할 수 있겠지만 그 또한 하나의 인연생기因緣生起입니다. 그러니 그것에 감정을 얹어 내 스스로 괴로움을 만들 필요가 없습니다.

그래서 마음을 깨친 옛 조사들은 무엇을 봐도 무엇을 들어도 티끌만큼도 불만이 있다거나 기분 나빠하지 않았습니다. 육근과 육경과 육식이 일체화한 것입니다. 걸림이 없는 상태, 무애자재인 것입니다.

좋다 나쁘다, 선과 악 등의 분별은 주관적입니다. 함부로 재단하고 속단하고 규정하면 안 됩니다. 어떠한 현상을 봤을 때 선택을 할 수는 있습니다. 선택을 했다면 그것에 따른 파급이 생길 것입니다. 누군가는 내가 한 선택을 싫어할 수도 있고, 반대할 수도 있습니다. 그러나 선택을 할 때, 이미 그런 파급되는 상황이 올 것을 감안한다면 평안함을 유지할 수 있습니다. 그리고 그런 힘을 훈련해나가야 합니다.

그렇지 않으면 계속 싸우는 수밖에 없습니다. 옳다 그르다 시비하다 보면 불편한 마음, 괴로운 마음이 자꾸 쌓입니다. 그런 괴로움이 업이 되어 고착화되면 잠재의식에 영향을 미칩니다. 이것이 반복되면 엎친 데 덮친 격으로 중중무진의 인연생이 펼쳐지는 것입니다. 결국 내 감정 덩어리를 어떻게 처리하는가 하는 문제입니다.

내가 보고 듣는 이 현상에 끄달리지 않고, 좋은 사람 나쁜 사람 규정 짓지 않고, 괴롭다 즐겁다 하는 분별없이 평안한 상태를 깨침의 상태라고 합니다. 그러한 깨침을 이루는 데 선명상이 필요합니다.

선명상에 대해 설명하고 있지만 결국은 내 마음이 편하고, 내 스스로 괴로움을 만들지 않아야 한다는 점을 저는 계속 이야기하고 있습니다. 선명상을 하려니 뭔지 몰라 답답하다고 느낀다면 그것은 내 업이 작용하는 것입니다. 자꾸 구별하려고 하고 좋다 나쁘다 분별하려고 하기 때문입니다.

선명상은 일상에서 실천하는 돌이킴

서양철학에서는 인간이 자기 영혼을 잘 가꾸는 것이 중요하다고 했습니다. 지혜를 추구하라는 것입니다. 그런 점에서 저는 서양 철학자들이야말로 불자라고 생각하는데 그들 역시 깨침의 세계를 얘기했다고 보기 때문입니다.

서양 철학자들은 우리가 인식하는 것에는 오류가 많다고 봤고, 인식하는 범위를 넘어서 있는 실재에 대해서 얘기했습니다. 플라톤은 사물의 원형이라고 표현했고, 저는 그것을 자성自性이라고 봅니다. 부처님의 성품이고 불성이고 중도라고 봅니다.

모든 인간이 알기 원하는 것, 결국 괴로움에서 벗어나는 방법이라고 생각합니다. 고집멸도, 실상을 제대로 아는 것, 그래서 나의 업을 없애는 것이 중요합니다. 선문禪門에서는 은산철벽銀山鐵壁이라고 부릅니다. 나의 업장이 너무나 두텁고 강하고 질겨서 내 감정인데도 스스로 조절하지 못합니다. 아무리 과학이 발달하고 첨단 기술이 등장해도 괴로움을 해결하는 문제는 백만 년 전이나 지금이나 별 차이가 없습니다. 인류사에 있어서 고통과 괴로움에서 완전히 벗어난 이는 붓다 이후 마음을 깨친 조사들밖에 없을 것입니다.

이 길로 가는 데 도움이 되는 것이 선명상입니다.

쉘 패스(Shall pass). 지나가리라. 힘들고 어렵고 난망한 지경일 때는 쉘 패스 선명상을 하면 좋겠습니다. 이 또한 지나가리라 (This too shall pass). 시간이 지나고 나중에 돌이켜보면 그럴 때가 많습니다. 그때 내가 왜 그랬을까. 그때 왜 못 참았을까. 그때 왜 그렇게 마음 졸였을까. 지나고 보면 웬만한 일은 다 지나갑니다. 어려움도 지나가고 힘든 일도 지나가고 결국 이 몸도 사라집니다.

내가 무엇을 본다는 건 내 안의 업이 그것을 본다는 뜻입니다. 예를 들어 볼 때마다 미운 사람이 있다면 내 안에 그런 모습을 미워하는 업식이 있다는 것입니다. 만법유식萬法唯識이란 그런 현상을 말합니다.

부처님은 무엇을 봐도 싫은 것이 없었습니다. 그냥 평안했습니다. 슬프다, 괴롭다, 힘들다 하는 감정들도 내 안의 업이 조건에 따라 발현되는 것일 뿐입니다. 괴로울 수밖에 없어서 괴로운 것이 아니라 괴로워 보이는 조건에서도 우리는 평안할 수 있습니다.

지금 느끼는 감정을 내 업의 그림자라고 생각해봅시다. 그림자 명상은 그러한 의미입니다. 아주 쉽습니다. 흔히 명상이라고 하면 몸을 곧추세우고 앉아서 버텨야 하는 어려운 일이라고 생각하는 경향이 있습니다. 혹은 특별한 계시를 느껴야 하는 신비한 무언가로 생각하는 것도 같습니다. 하지만 선명상은 일상에서 실천하는 돌이킴입니다. 누워서도 할 수 있고, 서 있어도 할 수 있고, 간단히 5분 동안 할 수도 있습니다. 나이에도 상관없이 누구나 할 수 있습니다. 다만 몸을 정지한 상태가 명상을 유지하는 데는 도움이 되겠지요. 그래서 좌선을 많이 하는 것입니다.

참선이라고 하면 좌선만 해야 하는 줄 아시는 분들이 있는데 그렇지 않습니다. 행주좌와 行住坐臥 모든 동작이 참선이고 선명상입니다. 잡념이 일어나면 억지로 잠재우기 어렵습니다. 그저 '잡념이 일어나는구나' 하고 알아차리는 것이 중요합니다.

그것을 '관 觀한다'고 합니다. 그저 본다는 뜻입니다. 생각을 쉰다고도 말합니다. 나의 감정 상태를 가만히 느껴보는 것입니다. 이것이 선명상의 기본 자세입니다.

깊이 있는 명상의 세계

선명상을 실제로 하기 전에 선명상의 원리를 소개하며 선명상을 왜 해야 하는지에 대해 말씀드리겠습니다.

세상이 극락정토여서 모두가 즐거워하더라도 내가 기분이 나쁘고 싫으면 극락정토가 무슨 소용이 있겠습니까. 그래서 이러한 즐거움, 괴로움, 기쁨, 슬픔 등이 왜 나타나는가. 나에게는 어떠한 패턴으로 나타나는가. 이런 것을 알면 어떤 일이 벌어졌을 때 그것에 대처하는 나의 감정을 제어하고 조절할 수 있는 힘이 생깁니다. 선명상을 통해 우리는 감정을 다루는 훈련을 할 수 있습니다.

내가 보는 세상

서양 철학자들이 지혜를 추구한다는 점에서 자성自性을 보려는 불자들이라고 말한 바 있습니다. 그럼에도 자기 괴로움을 떨치지 못한다면 아무리 지식이 많아도 소용이 없다고 봅니다. 지금의 세상은 부처님이 말씀하신 연기적 구조가 현대 물리학으로 설명되고 있습니다. 그래서인지 영국과 독일에서도 불교 철학을 연구하고 있다는 데 상당히 고무적이라고 봅니다.

우리가 말하는 업식을 현대적으로 표현하면 DNA라 할 수 있습니다. DNA 안에는 그 종자의 성질과 성격과 성품과 성미 등 모든 정보가 들어 있다고 합니다. 프로이트(Sigmund Freud, 1856~1939) 같은 학자들은 그것을 무의식과 잠재의식으로 표현했다고 봅니다. 불교적으로 보면 아뢰야식이라고 할 수 있습니다.

예를 들어 '본다'고 하면 반복된 경험으로 내 안에 자리 잡은 습성이 현실로 튀어나오는 현상입니다. 대상을 보고 있다고 생각하지만 결국은 내 인식 속에서 내가 만든 주관적인 이미지를 보는 것입니다. 흔히 일체유심조一切唯心造라고 표현하지요.

그렇다면 즐거움도 괴로움도 내가 만드는 것입니다. 이 사실을 제대로 알지 못하고, 이 감정 덩어리를 제대로 제어하지 못하면 계속 윤회할 수밖에 없습니다. 여기서 벗어나는 것이 해탈이고 깨달음입니다.

깨닫고 나면 있는 그대로 볼 수밖에 없습니다. 보는 대로 듣는 대로 내 감정은 평상심입니다. 우주가 박살이 나더라도 나는 흔들림이 없습니다. 나고 죽는 상대적인 현상도 사라집니다.

이것을 정확하게 알고 선명상을 하면 모르고 하는 것보다 분명 효과가 클 것입니다.

걷기, 음악 듣기, 좌선, 염불 등 선명상을 하는 방법으로는 자신이 선택하면 됩니다. 예전에는 염불을 많이 했는데 요즘은 그렇지 않은 것을 보면 시대적인 흐름도 보입니다. 무엇을 택하든 우리의 난제는 괴로움을 없애는 것입니다. 부처님도 더 좋으려고, 행복을 구하려고 출가한 것이 아닙니다. 다만 괴로움을 없애기 위해서입니다.

괴로움의 종류나 형태는 이 우주에 떠 있는 별만큼이나 많을 겁니다. 불교에서는 팔고八苦라 하는데 그중 태어나는 것도 괴로움입니다. 정든 것과 이별하는 애별리고愛別離苦, 만나고 싶지 않은 것과 마주치는 원증회고怨憎會苦, 얻고 싶은데 얻지 못하는 구부득고求不得苦 등 수많은 괴로움이 있습니다. 생명 있는 모든 것은 다 괴로움이 있기 마련입니다.

괴로움—
반복된 경험

이러한 괴로움은 어디서 올까요. 반복된 경험에 따른 버릇입니다. 이 버릇은 하나가 생기면 다른 하나가 반드시 생깁니다. 그리고 경험에 따라 내 안에 저장되고 누적됩니다. 우리 잠재의식 속에, 불교적으로 말하면 아뢰야식 속에, 의학적으로 보면 유전인자 속에 자리합니다.

그리고 시간과 장소에 따라 대상에 따라 발현됩니다. 지극히 인과적인 현상입니다. 즐거운 일이 원인이 되어 괴로움이 생기고, 그 괴로움이 원인이 되어 즐거운 일이 생기고, 이렇게 반복되는 것을 윤회라 합니다.

우리가 우연이라고 말하는 사건들도 엄밀히 따져보면 그렇게 될 여러 조건이 만나 이루어진 일입니다. 우리는 그런 것을 시절 인연이라고 부릅니다. 예를 들어 병에 걸렸다고 치면, 수백 수천 가지가 넘는 병 중에 어떤 특정 병에 걸렸다는 건 그런 증상이 발현될 수많은 조건들이 결합된 결과라는 것입니다.

유전적인 조건, 사회 환경적인 조건, 그 외에 내가 미처 파악하지 못한 수많은 내외부 조건들이 합쳐져서 그러한 결과에 이른 것입니다. 이 세상은 서로서로 영향을 주고받는 중중무진의 연기적 세계 속에서 이렇게 이루어지고 있습니다.

괴롭거나 즐겁거나 하는 감정 덩어리에 크게 집착하지 않는다는 말은 욕심을 그만큼 내려놓았다는 뜻입니다. 감정 덩어리에 너무 연연하지 않는 연습을 꾸준히 해온 사람은 평온한 마음 상태를 더욱 오래 유지할 수 있습니다. 고락의 업식이 그만큼 옅어지기 때문입니다. 업장소멸이라고 하는 것이 말처럼 그렇게 쉽지 않습니다.

그럼에도 막상 화가 나면 통제가 안 됩니다. 5분 명상은커녕 5초 명상도 안 됩니다. 무시로 명상을 하라고 했는데 그런 생각조차 나지 않습니다. 화를 내고, 기분 나쁜 걸 몸으로 표현하고, 머리를 쥐어뜯고, 난리를 칩니다. 그렇게 하는 과정에서 괴로움은 점점 증폭되고 다시 업으로 쌓이고 습관이 되는 겁니다.

그래서 평상시에 꾸준히 훈련을 해야 합니다. 조금이라도 정신이 들 때, 고요한 마음일 때 선명상 연습을 해야 합니다. 이런 훈련을 거쳐야 불시에 어떤 사건이 벌어져도 알아차릴 수 있습니다. '아, 나의 업식이 그림자처럼 나타났구나. 괴로운 업식이 나타나려는구나. 넘어가야지. 지나가야지.' 이렇게 이성적인 판단을 하고 행동으로 옮길 수 있습니다.

마음을 고요히 한다는 것은 괴롭고 기쁘고 하는 고락의 감정 덩어리를 잠재운다는 뜻입니다. 생사가 사라지는 일입니다. 생사라는 것이 태어나고 죽는 것만 뜻하지 않습니다. 즐거운 감정이 널을 뛰면 생이 일어나는 것이고, 괴로움 감정이 널을 뛰면 사가 되는 것입니다. 그러니 선명상으로 내 마음의 생사 진폭을 잔잔히 줄여나가는 겁니다.

눈만 뜨면 근심 걱정에 힘들다 하면 스스로 살펴봅시다. 말로는 노력을 한다고 하면서 욕심을 부리고 있지는 않은지 말입니다. 도둑놈도 최선을 다해서 노력하며 살아갑니다. 한시도 쉬지 않고 머리를 굴립니다. 행복하려고 한 일, 즐거우려고 한 일인데 그것이 원인이 되어 괴로움이 생긴 것인지 경계해야 합니다.

생사라는 것이 태어나고 죽는 것만 뜻하지 않습니다.
즐거운 감정이 널을 뛰면 생이 일어나는 것이고,
괴로운 감정이 널을 뛰면 사가 되는 것입니다.
그러니 선명상으로 내 마음의 생사 진폭을
잔잔히 줄여나가는 겁니다.

선명상의
생활화

그럼 지금 내가 욕심내고 있는지, 분별하고 있는지를 어떻게 알 수 있을까요? 자기 기분을 가만히 살펴보는 겁니다. 내가 지금 기분이 좋은 상태인가, 나쁜 상태인가, 좋지도 나쁘지도 않은 상태인가.

살펴보니 감정이 격해지고 있다면 시간이 조금 필요합니다. 감정이 가라앉을 때까지 그냥 두는 겁니다. 흙탕물이라도 시간이 지나면 불순물이 가라앉고 윗물은 맑아지듯이 일단 멈추고 기다려야 합니다. 감정도 생로병사를 합니다.

욕심이 지나칠 때는 내 앞의 모든 조건에 시시비비합니다. 매사에 분별합니다. 그러한 과정 속에서 내 감정 상태를 늘 살펴야 합니다. 그래서 평상시에 꾸준히 연습하고 훈련해야 한다고 말씀드린 것입니다.

내가 원치 않은 상황이 되었다면 마냥 기분 나빠할 것이 아니라 '아, 내 업식이 기분 나쁘다고 받아들이는구나' 스스로 납

득을 해야 합니다. 인정을 하고 받아들이는 것이 먼저입니다. 그래야 나의 감정 덩어리, 나의 업식을 제어할 수 있습니다. 이것이 연기적 현상이라는 사실, 내 업에서 나온 인식이라는 사실을 받아들여야 스스로 감정을 조절할 수 있습니다.

이때야말로 제대로 된 자신의 능력이 발휘됩니다. 이걸 알아차리지 못하고 감정에 휘둘려서는 아무리 노력해도 제대로 능력 발휘를 할 수 없습니다.

운동선수들을 봐도 그렇습니다. 그렇게 연습을 많이 했는데도 막상 시합에 나가면 제대로 하지 못하는 경우가 많습니다. 여기서 잘해야 한다는 긴장감에 욕심까지 부리다 보면 제대로 실력 발휘를 못하기 때문입니다.

우리가 살아가면서 순간순간 주어진 조건에 따라 최선을 다할 뿐 욕심을 부리지 않는다면 오히려 능력 발휘가 잘 됩니다. 그것을 믿어야 합니다. 그리고 경험으로 체득해야 합니다. 그러한 믿는 마음을 신심信心이라고 합니다. 우리는 신심을 가져야 합니다.

일상생활 속에 선명상이 자리 잡도록 합시다. 화가 난다 하면 우선 멈춤, 5분 명상, 이런 식으로 기본 개념을 갖고 있으면 살아가면서 충분히 자기 능력을 발휘하면서 다가오는 어떤 현상에도 무너지지 않고 극복해나갈 수가 있습니다.

놓음은 멈춤이다

저는 될 수 있으면 생각을 많이 하지 않습니다. 내 스스로 정했습니다. 잔머리 쓰지 말자. 가능하면 원칙대로 하자. 사람이 잔머리를 많이 쓰면 스트레스를 그만큼 받습니다. 그렇게 하지 않아도 평상시 연습이 잘 되어 있다면 자기 능력은 저절로 펼칠 수 있습니다.

놓음 명상은 말 그대로 놓고 가는 겁니다.
놓고. 놓고. 놓고….

내려놓음을 방하착放下著이라고 합니다. 그대로 놓아버린다는 뜻이지요. 선불교에 있어서 기본이자 최종 목적이기도 합니다. 좋은 것도 싫은 것도 놓아버립니다. 생사고락을 놓아버리니 윤회도 멈춥니다. 인과도 사라집니다. 마음이 평온해집니다.

마음이 평온해지면 내가 어떤 행동을 할 것인지, 무슨 말을 할 것인지 저절로 나옵니다. 마음이 청정해지고 행동이 청정해집니다. 분별이 없으니 업이 사라집니다.

그 자체로 평안입니다. 대하는 모든 일에 보살행을 하게 됩니다. 이것이 바로 육바라밀행六波羅蜜行입니다. 평상시에 놓는 연습을 합시다.

방하착!

선명상 수행의 심화와
일상에의 통합

六

마음의 구조, 즉 인간의 인식 작용을 열여덟 가지 범주로 나눈 십팔계十八界에 대해서 앞에서 말했습니다. 다시 정리하면 우리의 인식 기관인 눈, 귀, 코, 혀, 몸, 머리로 인식 대상을 통해 인식 작용을 합니다. 여기서 인식 기관을 육근六根이라고 하고, 인식 대상을 육경六境이라고 하고, 의식 작용을 육식六識이라고 합니다. 이것을 합쳐서 십팔계라고 하는 것입니다.

과거로부터 지금까지,
다시 미래로

공간의 개념인 시방세계와 시간의 개념인 삼세가 모두 이 십 팔계 안에 있습니다. 우리가 보고 듣고 느끼면서 경험하는 현상세계는 과거 전생으로부터 이어진 습관, 버릇의 작용입니다.

지금 보고 듣는 것도 과거에서 이어진 나의 습관이 DNA 속에 저장되어 있다가 함께 작용하는 것입니다. 또 내가 가진 인식 또한 미래로 연결돼 지속됩니다. 과거, 현재, 미래가 서로 물고 물리며 인과가 생깁니다.

우리가 마음이라고 하는 감정을 갖고 실재하는 현상세계를 경험하는 것이 과거로부터 계속 진행되고 있습니다. 원인과 결과가 계속 반복되는 거죠. 여기서 내 마음, 감정, 생각 등을 통틀어서 업이라고 합니다. 보고 듣고 생각하면서 지금 현재 나타나고 있습니다.

다시 말해, 지금 경험하는 현상세계가 하늘에서 뚝 떨어져서 새롭게 생긴 것이 아니라는 말입니다. 물리적으로는 부모의 유전자가 선대로부터 이어져 나에게로 왔고 다시 후대로 이어지는 것과 같습니다. 지금 내가 생각하고 느끼는 감정 덩어리, 업은 아뢰야식에 저장되어 과거에서 이어져 지금에 이르고 있습니다. 과거로부터 단절된 현재는 없거든요. 당연히 미래에도 있을 겁니다.

물리적인 물체인 우리 몸도 이합집산의 결과입니다. 현대 물리학, 양자역학에서는 우리 몸이 원자가 모여서 형성된 것이라고 설명하고 있습니다. 그 원자라는 것은 우리가 상상할 수 없을 정도로 작은 알갱이입니다.

이 원자는 중심에 원자핵이 있고 그 주위로 전자가 돌고 있습니다. 이 원자를 운동장만 하게 확대하면 조그마한 구슬 정도의 크기가 원자핵입니다. 그리고 이 원자핵의 몇만 분의 1 크기의 전자가 그 주위를 돌고 있습니다.

그런데 이것은 관찰하는 즉시 사라집니다. 그래서 이를 알갱이가 아닌 파동이라고 정의하기도 합니다. 이것이 물리학에서 설명하는 현상계입니다. 그런데 불교에서는 이미 2,600여 년 전에, 한국에서도 의상義湘(625~702) 스님, 원효元曉(617~686) 스님 등이 이러한 구조를 다 알고 설명하고 있습니다. 그것이 의상 스님의 「법성게」, 원효 스님의 『대승기신론소大乘起信論疏』에 정리되어 있습니다.

이러한 설명들은 무엇을 강조하기 위함일까요? '그럼에도 별 거 아니다'는 말을 하기 위함입니다. 우리가 경험하는 현상세계는 생로병사하고 성주괴공을 면치 못한다는 겁니다. 물질을 구성하는 그 작은 알갱이, 원자도 계속 움직이고 있거든요. 인연으로 모였다가 흩어졌다 합니다.

그렇기 때문에 우리 몸도 원자의 결합으로 인해 이런 모양 저런 모양으로 생긴 것입니다. 과거와 전생으로부터 이어진 생각이나 감정을 인연으로 물리적으로 생성된 것이고, 생성된 것은 소멸합니다. 몸도 그러하거니와 마음 또한 그러합니다.

마음은 인과의 작용,
업의 작용

일체유심조, 만법유식이라는 말이 그 뜻입니다. 시간과 공간을 비롯해서 모든 움직이는 현상 자체, 여기에는 의식이나 정신, 마음, 감정 등이 포함되어 있습니다.

다시 말해, 정신적인 것이건 물질적인 것이건 그 대상화되는 일체의 것을 모두 법法이라고 표현합니다.

일체유심조와 만법유식의 의미는 일체 만법이 모두 내가 짓는 것이라는 뜻입니다. 현상계는 천변만화합니다. 육근과 육경을 통해 일으키는 육식도 모두 내가 짓는 것이기 때문에 별거 아닙니다. 별거 아니기 때문에 거기에 의미 부여하면서 끄달려 다닐 필요가 없다는 말입니다.

내가 짓는다는 것은 내 기분에 따라 행동하고 내 기분에 따라 보는 것입니다. 이 기분이라는 것은 좋은 기분, 나쁜 기분, 좋지도 싫지도 않은 기분으로 나눌 수 있습니다. 기분, 감정, 느낌을 수受라고 표현합니다. 그래서 이 세 가지 느낌, 즉 고苦, 락樂, 사捨를 삼수三受라고 합니다. 인간의 감정은 결국 이 세 가지 가운데 하나로 귀결됩니다.

대부분은 좋으냐 싫으냐의 문제로 나타납니다. 지금 이 자리에 우리가 모여 있는 것도 이것이 좋기 때문입니다. 싫다면 지금 당장이라도 나갈 것입니다. 순간순간 고락의 감정에 좌우되며 살아갑니다.

인생에는 많은 삶의 경로가 있습니다. 저는 출가라는 것을 선택했습니다. 내 인생에서 그나마 가장 유리하겠다, 기분 나쁘지 않겠다고 판단해서 출가한 것입니다. 마찬가지로 여러분도 직업이나 어떤 길을 선택한 것은 순전히 여러분 자신이 유리하다고 판단하여 선택한 것입니다.

이렇게 선택할 때 작용한 고락의 감정은 그동안 쌓여온 습관을 포함한 인과 업의 결과입니다. 마음이라고 하지만 이 마음도 결국 내가 기분이 좋으냐 싫으냐 하는 것으로 귀결되어 버립니다. 그러니 내가 경험하는 현상 자체는 아무 문제가 없는 겁니다. 서로 연기하여 일어날 뿐입니다.

여러분이 앉아 있는 것도 내가 말하는 것도 연기의 일환입니다. 현상 자체는 아무 문제가 없다고 했습니다. 그러면 무엇이 문제냐 하면 내 스스로 기분이 나쁘냐 좋으냐 하는 감정이 작용하는 겁니다. 이러한 감정을 일으키는 것은 인과의 산물입니다. 더 자세히는 고락의 인과입니다. 이것을 업이라고도 합니다.

기분 좋은 것이 생기면 기분 나쁜 것도 똑같은 질량으로 생길 수밖에 없습니다. 우리가 산을 오르면 1밀리미터도 틀리지 않게 그만큼 내려와야 합니다. 밀물이 들어오면 썰물이 되어 나가는 것은 당연한 자연의 이치입니다. 마음의 구조 역시 똑같습니다. 다만 그 감정이 나타나는 시기가 다를 뿐입니다. 그래서 시절인연이라고 하는 겁니다.

해가 뜨고 지는 것도 그 시간이 되면 해가 뜨고 지듯이 좋고 나쁜 감정은 그것이 나타날 때가 되면 한 치도 틀림없이 작용합니다. 우리 감정이 기분이 좋을 때가 되면 기분 좋은 일이 생기게 됩니다. 아무리 나쁜 환경에 처했다 하더라도 기분 나쁠 때가 되지 않았다면 기분이 나쁘지 않습니다. 다른 사람은 모두 기분 나빠하는데 자기만 괜찮은 겁니다. 이것이 인과 작용이고, 업의 작용입니다.

우주 전체가
서로 영향을 주고받다

기분 좋은 현상이 일어나면 기분 나쁘고 싫은 현상도 똑같이 동반될 수밖에 없습니다. 조금 전에 기분이 좋았다가 금방 기분이 나쁠 수 있습니다. 이것은 짧은 시간에 인과가 나타난 겁니다.

예를 들자면 길을 가다가 금반지를 하나 주웠습니다. 기분이 매우 좋습니다. 그런데 툭 넘어지는 바람에 잃어버렸습니다. 이때 기분이 나쁩니다. 기분이 좋았다가 나빠지는 고락 인과의 현상이 나타난 겁니다.

고락 인과가 짧은 시간에 나타날 수도 있고, 하루 만에, 1년 만에 나타날 수도 있습니다. 인생을 놓고 볼 때 젊었을 때는 정말 좋았는데 나이 들어서 안 좋을 수도 있습니다. 이렇게 고락 인과의 시차는 전생에서 이어져 내생까지 연결됩니다.

이처럼 서로 겹쳐서 업이 작용하는 것을 중중무진이라고 합니다. 괴로움이 일어나는 열두 과정을 설명한 십이연기十二緣起를 해석할 때 삼세三世에 걸쳐 인과가 겹친다고 하여 삼세양중인과三世兩重因果라고 합니다.

물리학에서 양자얽힘(quantum entanglement)이라는 말이 있습니다. 입자들의 상관관계를 나타내는 양자역학적 상태를 말합니다. 입자들은 공간적으로 서로 멀리 떨어져 있어도 독립적일 수 없다는 겁니다. 마치 우주에 많은 별들이 수없이 겹쳐있고 그 안에 있을 수도 있는 많은 생명들이 나와는 아무 상관없어 보이지만 그렇지 않다고 합니다. 불교에서는 이러한 연관에 대해서 인드라망, 삼라만상이라고 표현합니다.

그러니 나 혼자 무엇인가를 이루었다고 생각하지만 우주 전체가 서로 영향을 받는 속에서 이루어지고 나도 존재하는 것입니다. 그것을 자각할 필요가 있습니다.

우리가 느끼는 감정, 이 고락의 감정은 인과적으로 나타나고 질량적으로 똑같을 수밖에 없다는 것을 알아야 합니다. 자기 능력에 비해서 지금 잘나가는 사람은 과거로부터 이어진 업의 인과가 현재 나타나는 것입니다. 그 반대의 상황도 마찬가지입니다. 인과의 작용이 서로 얽혀 있다는 말입니다.

고락의 인과 작용, 감정을 제로화시키는 것을 견성, 성불, 깨달음이라고 합니다. 어떤 현상을 보고 들어도 기분 좋음이나 기분 나쁨이 전혀 없는 상태, 감정을 일으키지 않는 것을 업장 소멸이라 합니다.

만약 과학이 더 발전하면 이런 현상도 계산할 수 있을 것이라 생각합니다. 그러면 내가 과거에 무슨 짓을 했는지, 어떻게 살아왔는지도 알 수 있을 것입니다. 일찍이 불교에서는 이를 신통, 그 가운데서도 숙명통宿命通이라고 했습니다. 많은 사람들이 이를 부러워하는데 숙명통을 얻은들 무엇하겠습니까. 내 감정에 좋고 싫음이 여전히 일어난다면 숙명통을 무엇에 쓰겠는가 말입

내가 기분 나빠하지 않는다면
싫은 일이 아닙니다.
내 안에 있는 좋고 나쁨의 업식이 없기 때문에
그것이 나타날 일이 없는 것입니다.
현상은 현상대로, 연기적으로 나타나는 것뿐이지
나는 거기에 마음을 빼앗기지 않을 수 있습니다.

니다. 우리가 살면서 겪는 일들이 지금 당장에 나타난 일인 것 같지만 과거에 내가 했던 업식이 나타나는 것입니다.

〈나는 아직도 네가 지난여름에 한 일을 알고 있다〉라는 영화가 있습니다. 이 영화 제목처럼 과거의 업식이 지금 나타나고 있다고 해도 과언이 아닙니다.

예를 들어 상대방이 나에게 사기를 쳤다든가 욕을 하거나 모함을 했다면 기분이 나쁩니다. 상대방의 그런 짓으로 인해 내가 기분이 나쁜 거잖아요. 이것은 상대와의 관계만 생각하는 겁니다. 하지만 모든 것은 시간과 공간이 모두 연결되어 있다고 했잖아요. 연결된 모든 상황들이 이제 결과적으로 지금의 현상으로 나타나는 겁니다. 상대방도 그 사람의 과거를 자세히 들여다보면 그렇게 할 수밖에 없는 원인을 알 수 있습니다.

모든 것은 내가 일으킨
나의 업식

그러니 지금 나타나는 현상만 갖고 기분 나빠한다면 그건 잘못된 생각입니다. 상대방에 대해서도 마찬가지입니다. 왜 저 사람은 지금 나를 이렇게 대할까 싶지만 그 사람 또한 과거로부터 이어져온 시간과 공간 속에서 만들어진 업식이 지금 나타날 때가 되어 그런 행동으로 나타날 뿐입니다. 그렇게 할 수밖에 없는 때가 된 것입니다. 그 사람이 나에게 몹쓸 짓을 해서 내가 괴롭고 내 기분이 나쁜 것 같지만 사실은 그렇게밖에 할 수 없는, 상대의 과거 업식이 있을 것이고 기분 나쁘고 괴로운 나 역시 그럴 수밖에 없는 때가 된 것뿐입니다.

이러한 원리를 알기에 조사들은 육근이 받아들이는 현상에 크게 관심을 기울이지 않습니다. 내가 기분 나빠하지 않는다면 싫은 일이 아닙니다. 내 안에 있는 좋고 나쁨의 업식이 없기 때문에 그것이 나타날 일이 없는 것입니다. 현상은 현상대로, 연기적으로 나타나는 것뿐이지 나는 거기에 마음을 빼앗기지 않을 수 있습니다.

부처님께서 수많은 경전을 통해 말씀하시는 가르침 또한 '현상은 그냥 현상에 맡겨라' '공일 뿐이다' 하는 것입니다. 현상에 대해 시비하지 말라, 마음을 뺏기지 말라, 끄달리거나 미련을 갖거나 감정을 일으키지 말라는 것입니다.

그런데 우리는 눈으로 보면서, 귀로 들으면서, 냄새 맡으면서,

맛보면서, 감촉을 느끼면서, 생각하면서 시비합니다. 지금 이 순간도 마찬가지입니다. 일어나는 현상, 경험하는 현상에 대해 옳다 그르다, 좋다 싫다 하며 판단하고 시비하는 것은 내 몫으로 나의 업장입니다. 이 감정 덩어리, 업 덩어리를 없애야 기분 나쁜 일도 안 생깁니다.

남이 보기엔 나쁜 일이지만 내가 기분 나쁘지 않다면 기분 나쁜 일은 없습니다. 진짜 문제는 내 고락의 인과, 업을 소멸시키는 것입니다. 그래서 절에 가서 참선이나 염불, 간경, 절 등 각종 수행을 합니다. 내가 갖고 있는 '고락사苦樂捨의 삼수작용'이라는 감정 덩어리를 내 스스로 조정하는 과정입니다. 조정할 만한 것도 없을 만한 경계까지 가야 합니다.

지금 우리의 가장 큰 문제, 불보살이 우리를 보며 느끼실 가장 큰 안타까움은 아마도 우리가 보고 듣고 말하는 모든 것에 기분 좋고 나쁨이 없도록 육근을 청정하게 해야 하는데, 자꾸 좋고 나쁨이 생겨버린다는 점일 것입니다.

눈으로 봐도 기분 나쁘지 않고, 귀로 들어도 기분 나쁘지 않고 괴롭지 않아야 합니다. 그런데 어떤 것을 보고 들으면서 기분 나쁜 것이 생겨버리면 상대방의 말투나 행동을 시비하게 되는

데, 이 모든 것이 나의 업이라는 것임을 알아야 합니다.

남의 인생 간섭 말고
내 업장만 소멸하라

이것을 없애기 위해서는 가장 먼저 탐진치의 삼독심을 없애야 합니다. 보고 듣고 느끼는 모든 대상들에 대해 탐심, 진심, 치심을 일으키지 않아야 합니다. 눈으로 보고 듣는 그 대상에 대해 탐하거나 욕심내는 마음이 탐욕심貪欲心입니다. 또 그 대상에 대해 마음을 일으키면서 기분 나빠하고 화를 내는 것이 진에심瞋恚心입니다. 그러면서 어떻게 하면 내가 더 유리할까 잔머리 굴리는 것이 어리석음이라는 우치심愚癡心입니다.

이 삼독심을 일으키지 않기 위해서는 매 순간, 매 찰나에 방하착해야 합니다. 그것이 무엇이 됐건 모든 것은 인연 현상에 맡겨 놓고 시비하지 말아야 합니다.

하지만 사회에는 옳고 그름, 선과 악이 있습니다. 견성, 반야, 지혜, 보리, 깨달음의 차원에서는 고락시비가 없지만, 그런 차원이 아니라면 정의가 생기면 반드시 불의가 생깁니다. 내가 극락에 있더라도 내가 분별심을 내는 순간 극락도 선악, 고락으로 갈라집니다.

유사 이래 세상은 선과 악, 정의와 불의로 갈라져 있었습니다. 하지만 이 또한 각자의 정의입니다. 각자가 느끼는 분별일 뿐입니다. 즉 내가 고락이라는 윤회에서 벗어나지 않으면 세상의 굴레에서도 절대 벗어나지 못합니다. 그러니 남의 인생에 간섭하지 말고 스스로만 잘하면 됩니다. 나의 업장만 없애면 됩니다.

자기 윤회도 벗어나지 못하면서 "그렇다면 사회는 이것도 아니고 저것도 아니고, 선도 없고 정의도 없는데 도대체 어떻게 하라는 말입니까?" 하고 반문하는 사람이 있습니다.

물론 사회의 선을 위해서, 정의를 위해서 행동해야 하는 것은 맞습니다. 그렇게 한다고 세상이 선해지고 정의롭게 바뀌었나요? 현상세계는 그대로 연기적으로 굴러가고 있습니다. 아무 문제가 없습니다. 나의 고락 인과를 바로 보지 못하니 내가 경험하는 현상세계, 즉 우리 사회도 각자의 모습대로 갈라놓은 겁니다. 보수와 진보, 노동자와 사용자, 젊은 세대와 늙은 세대, 남성과 여성 등 진영을 만들어 갈라놓았습니다. 각자 위치에서 정의를 외칩니다. 이게 없어지지 않습니다.

내가 해탈하지 않고, 고락이라는 윤회에서 벗어나지 않으면 어떤 것도 그 굴레에서 벗어나지 못합니다. 자입자득, 자작자수입니다. 그러니 남의 인생까지 간섭할 필요가 없습니다. 해서도 안 되지만 그럴 시간도 없습니다.

나의 업장을 먼저 없애야 합니다. 일체중생을 구제하겠다는 보살의 서원에서 그 일체중생 제일 앞에 서 있는 사람이 나라는 것을 자각해야 합니다. 내가 해탈하는 것이 일체중생을 구제하는 길입니다. 이것이 우리가 선명상을 해야 하는 이유입니다.

마음이 일어날 때마다
놓고 또 놓아라

선명상을 하면서 스스로 고락이라고 하는 감정 덩어리를 순일화시키고 제로화시켜야 합니다. 그렇게 하면 내세까지 해결이 됩니다. 삼세양중인과에서 벗어나게 되는 겁니다. 명상 중에 최고는 화두를 타파하는 간화선입니다.

부처님의 가르침을 철저히 믿으면 대신심이 생기고, 어리석게 살아온 삶을 참회하고 화두를 타파하겠다는 대분심이 생깁니다. 그 이후에는 '이것이 무엇인가'라고 의심하는 대의증이 생기는 겁니다. 이것이 차례로 이어져서 은산철벽을 뚫으면 고락 감정에서 벗어날 수 있습니다.

그런데 대다수는 그렇게 단박에 수행할 근기가 안 됩니다. 한 번에 화두를 타파하면 좋겠지만 그것이 힘드니 선명상부터 하자는 것입니다. 5분 명상이든, 무시로 명상이든 해야 합니다. 명상을 한다는 것은 감정의 삼독심을 일으키지 않는 것입니다. 감정을 편안하고 안정되게 해서 흙탕물 같은 마음이 맑게 가라앉도록 해야 합니다.

욕심을 줄이는 것이 출발이고 좋고 싫은 감정이 나타날 때에는 그것이 내 업의 작용임을 알아야 합니다. 그렇게 조금씩 해 나가야 합니다. 욕심, 분노, 어리석음이 일어날 때도 그 마음을 멈춰야 합니다. 놓고 놓아야 합니다.

감정 덩어리를 분별이라고 합니다. 하나가 생기면 반드시 다른 하나가 생깁니다. 인과 업이 작용하기 때문입니다. 이러한 분별을 다른 말로 생사生死라고도 합니다. 생사는 물리적으로 태어나고 죽는 것만 말하는 것이 아닙니다. 지금 일어나는 내 마음의 인과를 크게 보면 삼세양중인과로 삼세에 걸쳐서 나타나고, 짧게 보면 순간적으로 극락과 지옥이 생기는 겁니다.

그래서 부처님께서는 "전생을 보려면 지금 너의 모습을 봐라. 내생을 보려면 지금 너의 행위를 봐라"고 했습니다. '복을 많이 지어라'는 것은 뭘 많이 얻고자 함이 아니라 고락의 인과를 완전히 사라지게 하는 힘을 말합니다. 이러한 복덕이 지혜가 되는 겁니다.

양자역학에서 말했듯이 물체를 구성하는 최소 단위의 입자가 보는 즉시 입자가 되고, 다시 파동이 되기도 합니다. 그와 마찬가지로 업의 흐름도 분별하는 마음에 따라 움직입니다. 분별하는 고락의 감정을 윤회라고 하는 겁니다. 여기에서 탈출하는 것이 해탈입니다.

생사고락 자체가 없는 경지를 니르바나, 열반이라고 합니다. 어쨌든 어디서 어떤 행동이나 생각을 하든 지금 찰나에 일어나는 좋다라는 감정이나 싫다라는 감정 자체를 놓아버려야 합니다. 그래야 인과가 사라지면서 바로 탈출하게 되는데 이것을 화두 타파라고 합니다.

유일한 현실은
내가 관측한 것

선명상을 한다는 것을 간단하게 말씀드리면 나의 감정 덩어리, 업 덩어리인 삼독심을 내지 않는다는 뜻입니다. 내가 경험하는 현상세계에 대해 좋은 것이든 싫은 것이든 감정을 편안하게 안정시키면 그 흙탕물이 맑아집니다. 먼저 욕심을 내지 말아야 합니다.

그리고 기분 나쁜 일을 보거나 들었을 때 순간적으로 '나의 업 덩어리가 지금 나타나는구나' 하며 지켜보는 겁니다. 누구를 탓할 필요가 없습니다. 그리고 어리석은 생각이 올라올 때마다 인연과보를 생각하며 놓고 또 놓는 방하착 명상을 해야 합니다.

생명체의 유전 정보를 담고 있는 것을 DNA라고 합니다. 이 DNA를 구성하는 기본 단위가 뉴클레오타이드(nucleotide)라고 하는 유기 분자입니다. 책 백만 권에 해당하는 엄청난 부피와 정보를 뉴클레오타이드 분자 하나에 담고 있습니다. 과거로부터 이어진 모든 유전 정보가 저장되어 있다고 보면 됩니다. 과학이 더 발달해서 이 과거의 업식을 모두 안다고 해도 내 괴로움을 없애는 것과는 무관합니다.

우리 사회가 지금 겪는 어려움도 스쳐가는 하나의 과정일 수 있습니다. 하나하나에 일희일비하지 말고 내 마음의 흔들림을 잘 다스려야 합니다. 방하착이 돼야 더 고통스런 일이 일어나지 않기 때문입니다.

제임스 호프우드 진스(James Hopwood Jeans, 1877~1946)라는 영국 물리학자는 "우주는 커다란 물리적 현상이라기보다는 거대한 생각"이라고 말했습니다. 그는 "우리가 이 우주를 보는 즉시 저 우주가 생긴다"고도 말했습니다. 바로 부처님의 말씀입니다.

미국의 물리학자 리처드 콘 헨리(Richard Conn Henry)는 "우주는 정신적인 것이다. 유일한 현실은 내가 관측한 것이다"라고 말합니다. 그 또한 우주를 있는 그대로 보려면 우주를 대상, 물체로 한정하려는 생각을 버려야 한다고도 말했습니다. 이 또한 일체유심조와 같은 뜻입니다. 현대 물리학자들이 이제서야 부처님 말씀에 조금씩 근접하고 있습니다.

삼수야
가라

　부처님의 가르침을 믿어야 대신심大信心을 일으킬 수 있습니다. 우리가 경험하는 현상세계에 대해 너무 민감하게 반응하지 말아야 합니다. 그래야 건강한 정신 상태를 유지할 수 있습니다.

　이 모든 것을 해결하기 위해서는 선명상을 반드시 해야 합니다. 어떤 방법으로 하든지 가장 기본은 내 마음을 안정시키는 것입니다.

　다 인연 따라 가니 마음 뺏기지 말고 방하착하라는 의미를 담아 '삼수야 가라' 명상이라고 이름을 붙여봅니다. 괴롭다는 느낌, 즐겁다는 느낌, 괴롭지도 즐겁지도 않은 느낌인 고락사苦樂捨 삼수작용三受作用을 떠나보내자는 거지요. 감정에 놀아나지 말자는 겁니다.

　삼수는 나의 감정 덩어리입니다. '삼수야 가라'는 내가 경험하는 현상세계에 대해 시시비비하지 말라는 의미입니다. 좋으면 좋은 대로, 싫으면 싫은 대로 편안한 마음으로 다만 알아차릴 뿐입니다. 감정에 따라 민감하게 반응하면 업, 인과, 분별, 윤회에 걸립니다. 나머지는 인연 연기에 맡기는 것이 부처님 법에 대한 믿음입니다.

현대사회에서의 선명상
— 깊이와 확장

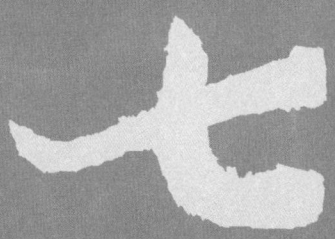

七

선명상을 하는 방법에는 여러 가지가 있습니다. 여러 가지 방법 가운데 본인에게 맞는 방법을 선택하면 됩니다. 지금까지 강의를 이어오며 반드시 전하고 싶은 것은 공식이었습니다. 수학의 공식을 알고 있으면 어디에도 다 적용할 수 있고, 구구단을 외우고 덧셈 뺄셈하면 숫자 계산을 빨리 할 수 있듯이 선명상을 하는 데에도 공식과 같은 방법이 있습니다. 어떤 선명상을 하더라도 활용할 수 있도록 그 공식을 알려주는 것이 제 역할이었습니다.

내 마음의 구조와
작동 원리를 아는 것

첫 번째는 내 마음의 공식, 내 마음의 구조, 내 마음의 모습을 아는 것입니다. 왜 이런 감정과 생각이 일어났는지 스스로 돌아보는 것입니다. 두 번째는 내 마음이 어떻게 작동하는가를 알아야 합니다.

우리가 눈, 귀, 코, 혀, 몸, 생각으로 대상을 경험할 때 일어나는 현상들이 왜 이렇게 보이는 것일까. 내가 보는 것이 과연 정확한 것인가. 착각은 아닌가. 과연 진짜는 무엇인가를 생각해봐야 합니다.

우리가 경험하는 현상세계는 육근과 육경의 마찰입니다. 만약 눈과 보이는 대상만 있으면 아무 문제가 없습니다. 보이는 대로 보고, 들리는 대로 들으면 됩니다. 문제는 보면서 생각을 하거나 기분이 좌우되는 마음 작용이 있고, 들으면서 좋고 싫음이 생기는 데 있습니다.

고전물리학에서는 우리가 경험하는 현상세계는 모두 규칙적이고, 어떠한 대상이라도 수학적으로 계산할 수 있었습니다. 원인과 결과가 틀림없이 다 맞았습니다. 그런데 이것이 깨졌습니다. 양자역학 때문입니다.

뉴턴 이후 빛은 입자라는 입자설이 대세를 이루었으나 19세기 초 토머스 영(Thomas Young, 1773~1829)이라는 유명한 물리학자는 빛을 이용한 실험에서 간섭 현상을 발견하고 빛이 파동이라는 파동설을 제기했습니다. 여러 업적 가운데 이중 슬릿(double slit)에 의해 만들어지는 밝고 어두운 간섭무늬를 이용하여 빛이 파동이라고 주장한 것이 그의 가장 큰 업적으로 꼽히고 있습니다.

이중 슬릿 실험은 구멍 두 개를 뚫어서 전자 알갱이 하나를 쐈는데 두 구멍을 모두 통과한 결과를 얻습니다. 여기서 양자역학이 나옵니다. 입자가 아니라 파동이 되어서 두 개의 구멍을 동시에 통과할 뿐만 아니라 그 주변에도 흔적을 남기는 것입니다. 즉 입자라고 생각했던 것이 입자가 아니라 파동이라는 거죠.

우리가 눈으로 보는 세상이 결국 아무것도 아니라는 뜻입니다. 그럼에도 불구하고 그것이 존재하는 것이고 중요한 것이라고 여기기 때문에 내 감정에 문제가 생기는 것입니다. 나의 감각기관인 안이비설신의眼耳鼻舌身意로 대상인 색성향미촉법色聲香味觸

法을 접하는 데 있어 불필요한 것들이 생겨나는 것입니다. 대상의 본질은 따로 있는데도 본질을 제대로 보지 않고 엉뚱한 일을 일으키는 겁니다. 그러면서 불편해지고 불필요한 인연들이 생기는 것입니다.

이중 슬릿 실험에서 보듯 수천 년 해온 고전물리학이 하루아침에 무너져 버렸습니다. 아인슈타인도 죽을 때까지 인정하지 못했지만 이제는 모두가 인정하는 시대가 되었습니다. 앞으로 기술이 더 발전하면 인간의 뇌 구조를 밝히고, 인간의 생각을 읽어내고 생각이란 무엇인지도 밝혀낼지 모릅니다.

양자역학과 현대 철학이 말하는 세계

우리가 생각할 때 물질을 구성하는 요소는 알갱이 입자라고 생각했는데 나중에 파동이라고 했습니다. 더 흥미로운 것은 이것을 관찰카메라로 살펴보니 하나로만 통과하더라는 것입니다. 그러니 '보는 것이 보는 것이 아니다. 내 생각을 보는 것이다'라는 말이 나옵니다.

덴마크의 물리학자 닐스 보어(Niels Bohr, 1885~1962)의 경우 "양자물리학을 이해하면 그건 이해하지 못한 것이다"라고까지 말합니다.

현대 물리학이나 서양철학 등을 말하는 이유는 2,600여 년 전에 말씀하신 불법이 이제 서서히 드러나고 있기 때문입니다. 『화엄경』에서 말하는 화엄 세계, 화엄 법계라든가 특히 「법성게」의 내용은 완전한 양자역학의 세계를 말하고 있습니다. 시간과 공간 그리고 시공을 떠난 자리까지 완벽하게 「법성게」 안에 들어 있습니다.

감정은 한마디로 말하면 이 감정과 저 감정입니다. '이것이 생기면 저것이 생긴다'는 말입니다. 기분 좋은 마음이 생기면 기분 나쁜 마음도 동시에 생깁니다. 다만 태어날 때와 죽을 때가 다른 것처럼 각각이 나타나는 시차만 있을 뿐입니다. 모두들 좋은 때가 언제이고 나쁜 때가 언제이냐를 궁금해 합니다. 이것을 팔자소관이라고 합니다.

사주명리四柱命理는 사람이 태어난 시점인 연월일시年月日時에 대해 탐구하여 타고난 운명을 살피거나 이에 근거하여 자연의 이치를 아는 학문을 말합니다. 흔히 사주팔자四柱八字라고도 합니다. 사주팔자는 글자 그대로 해석하면 네 개의 기둥과 여덟 개의 글자라는 뜻입니다. 보통은 사람이 선천적으로 타고난 운運과 명命을 말합니다. 사주는 태어난 시점인 연월일시가 운명을 지탱하는 네 개의 기둥이라는 뜻입니다. 그 사주를 구성하는 글자의 수가 여덟 자이기 때문에 팔자라고 부르는 것입니다.

다시 말해, 태어난 연월일시에 따라 운명이 결정되어 있다는 것입니다. 이 사주팔자를 갖고 인생을 이야기하는 경우가 있는데 불교적 논리로 보면 어린애 장난 같은 소리입니다.

사람들은 누군가를 보면서 좋겠다, 싫겠다, 편하겠다, 힘들겠다고 생각하지만 정작 그 사람은 그렇게 생각하지 않는 경우가 많습니다. 어떤 삶을 살고 있는가는 각자 개인의 느낌입니다. 괴로운 상황인 것을 알면서도 그 감정을 제어하지 못하고 그런 상태에 계속 끄달려가면 더 힘들어집니다. 반대로 그 감정에 계속 끄달리지 않는다면 힘들 것도 없습니다.

가난하지만 부끄러움이 없는 자족 생활을 실천했던 철학자 디오게네스(Diogenēs)의 이야기가 감동입니다. 기원전 약 400년경 고대 그리스에 디오게네스라는 철학자가 살고 있었습니다. 인위적으로 정한 사회적 관습이나 도덕, 법률 등을 부정하고 본성대로 사는 자연스러운 삶을 추구했습니다. 어느 날 디오게네스를 만나기 위해 알렉산더대왕이 방문했습니다. 디오게네스는 눈 하나 깜짝하지 않고 당당했습니다. 알렉산더는 자신을 두려워하지 않는 디오게네스에게 무언가 해주고 싶다는 생각에 소원을 말하면 무엇이든 들어주겠노라고 했습니다.

"대왕이시여, 지금 당신은 나의 빛을 가리고 있습니다. 아무것도 필요없으니 햇빛을 가리지 않도록 비켜서주십시오."

디오게네스의 대답을 들은 알렉산더는 말문이 막혀버렸습니다. 이 일화를 보며 정말 멋있는 삶이라고 생각했습니다. 원하는 것이 없으니 걱정이나 근심도 없습니다. 마음을 깨친 후 자연과 함께 유유자적하며 적멸寂滅의 세계에 살던 옛 스님들의 삶과 흡사하지 않습니까.

내가 지은 만큼 받는 것

내 감정 상태를 알아차린다고 그 감정이 사라지지 않습니다. 내가 기분 나쁜 것과 기분 나쁜 상태를 아는 것은 별개의 문제입니다. 명상을 통해 내 감정을 살펴보라고 그동안 말했습니다. 화가 나고 괴로울 때가 있습니다. 그런데 스스로 제어를 하지 못합니다. 일어나는 감정에 대해 자기 성찰을 하는데도 불구하고 기분 나쁜 것은 기분 나쁜 것입니다.

내가 지금 어떤 감정을 일으키는 원인은 이미 전생으로부터 쌓여온 것입니다. 그것을 업식, 업장, 숙업이라고 합니다. 전생의 업과로 지금 나타나는 모습들을 보면서 내가 반응을 하면 그 작용이 또 다음 과보로 이어집니다. 결국 끝없이 이어집니다. 이것이 삼세양중인과입니다.

인간이 태어나면 교육을 통해서 윤리와 도덕적 생활을 합니다. 법적으로 강제하는 것도 있지만 사회적으로 합의된 윤리와 도덕도 있습니다. 그럼에도 불구하고 이런 룰을 깨는 경우가 있습니다. '묻지마 범행'의 경우가 종종 일어나고 있습니다. 하지만 어떤 일이든 그런 일이 일어나기까지의 과정이 있습니다. '묻지마 범행'을 저지르는 사람이 어느 날 하늘에서 떨어진 것이 아니잖아요. 그러한 인연들의 연속성 속에서 작용하는 겁니다.

그런데 때로는 나와는 아무런 관련이 없는 경우에도 그 원인이 나에게 미치기도 합니다. 그럴 때라면 그 책임을 누구에게 물어야 할까요? 사회에 책임을 묻기도 하고, 국가에 책임을 요구하기도 합니다. 아니면 부모, 자식, 선생 등 누구에게 그 책임을 물어야 할까요? 복잡해 보이지만 이 강의를 들었다면 답을 알 수 있을 것입니다.

한 사람 한 사람의 삶을 들여다보면 모두 자업자득의 삶입니다. 사바세계 모든 현상계의 모습입니다. 현상은 다만 작용할 뿐입니다. 깨달은 눈으로 보면 그것이 묘용妙用입니다. 자업자득이라고 하듯이 내가 지은 만큼 받는 것입니다.

인과도 반드시 있는 것입니다. 우리의 감정도 똑같이 좋은 일과 싫은 일이 있는 것입니다. 기분 좋은 질량과 기분 나쁜 질량은 같습니다. 다만 그 인과가 나타나는 시간이 다를 뿐이라고 이미 말했습니다.

업장을 줄이지 않으면 삶은 달라지지 않는다

세상 살다보면 속상한 걸로 치면 아마 팔만사천 가지도 넘을 것입니다. 하루 24시간 가운데 속상한 시간, 기분 나쁜 시간을

재 보셨나요? 기분 나쁠 때는 내 마음을 스스로 제어하지 못할 정도로 기분 나쁠 때가 있습니다. 전생으로부터 이어진 숙업이 아직 남아 있기 때문입니다.

그 숙업의 업장을 점점 사라지게 하는 것이 수행이고 가장 쉽고 간단한 방법이 선명상입니다. 선명상으로 업장을 줄여가지 않으면 우리의 삶은 달라지지 않습니다. 좋은 만큼 나쁜 일이 생기는 일이 반복됩니다. 부자가 되고 거지가 되는 것은 인연 현상에 의해 나타나는 것이지만 그 과정에서 좋고 싫어하는 내 마음은 돈과 상관없이 선명상을 하지 않는 한 계속 반복됩니다. 권력과 명예도 마찬가지입니다.

성인군자라도 자신의 그름을 모른다는 말이 있습니다. 성인군자라도 기분 좋고 나쁨이라는 고락의 감정이 있다면 성인군자가 아닙니다. 다만 그 진폭이 좀 적을 수는 있겠지만 선명상을 하지 않으면 감정의 등락에서 벗어나지 못합니다.

빛의 진폭에 차이가 있듯이 감정도 똑같습니다. 파장이 짧을 때가 있습니다. 갑자기 좋았다 나빠지는 경우입니다. 이 감정의 파동이 업의 크기라 할 수 있습니다. 대단히 기분이 좋은 사람은 대단히 기분이 나빠질 때가 있을 것입니다. 기분 좋을 일이 많지 않은 사람은 기분 나쁠 일도 많지 않습니다.

감정의 파동이 점점 작아져 진폭이 없어지는 것이 마음이 일여한 상태입니다. 감정선이 일여하게 나타나야 아침도 좋고 저녁도 좋습니다. 밤도 좋고 낮도 좋습니다. 봄도 좋고 가을도 좋습니다. 여름도 좋고 겨울도 좋습니다.

그래서 부처님께서는 분별을 내지 말라고 하셨습니다. 감정의 진폭을 줄이는 방법입니다. 내가 경험하는 현상세계는 대상에 문제가 있는 것이 아닙니다. 그 대상을 보고 감정을 일으키고 지어내며 자기 업을 드러내는 것이 문제입니다.

이 이야기를 반복적으로 하고 있습니다. '알고 있다'라고 생각하지 말고 이 이야기를 듣는 순간 '나는 어떠한가' 돌아봐야 합니다. 다시 정리해서 말하면, 귀에 딱지가 앉도록 이야기하는 것은 내가 경험하는 현상입니다. 이 현상에 문제가 있는 것도 아니고 내가 듣는 소리에 문제가 있는 것도 아닙니다.

옳고 그름은 따지는 것이 아니다

세상은 저절로 굴러가게 되어 있습니다. 내가 있든 없든 상관없습니다. 그런데 내가 보고 들으면서 거기에 나의 업장이 부딪칩니다. 좋다 싫다 하는 고락의 감정을 내가 경험하는 현상세계에 적용시킵니다. 그때부터 가속도가 붙습니다. 감정의 덩어리는 더욱 커집니다. 이게 현실입니다.

그래서 경전에서는 실상의 세계는 '여몽환포영 여로역여전'이라고 했습니다. 또 '범소유상 개시허망 약견제상비상'이라고 한 겁니다. 내가 경험하는 현상세계가 공하다는 것을 알아야 합니다. 보는 것에 분별하지 말고, 듣는 것에 민감하게 감정을 일으키지 말라고 고구정녕하게 말씀하시는 겁니다.

부부싸움을 하면서 '당신이 말을 그따위로 하니까…' '당신이 행동을 그따위로 하니까…' '너 때문에…' 하면서 상대방에게 책임을 전가합니다. 상대의 말은 들으려 하지 않고 자기 주장만 옳다고 하며 소리를 지릅니다.

내가 갖고 있는 감정 덩어리가
내가 가진 업식임을 인정해야 합니다.
내가 일으키는 좋은 감정, 싫은 감정이
대상의 문제가 아니라
내 전생으로부터 이어져 온
내 업의 발현이고 결과이기에
내 몫임을 인정해야 합니다.

이것이 감정의 업식이 증폭된 상태입니다. 그래서 내가 갖고 있는 감정 덩어리가 내가 가진 업식임을 인정해야 합니다. 내가 일으키는 좋은 감정, 싫은 감정이 대상의 문제가 아니라 내 전생으로부터 이어져 온 내 업의 발현이고 결과이기에 내 몫임을 인정해야 합니다. 이것을 계속 대상 탓을 한다면 내 업식만 더욱 쌓일 뿐입니다.

업이 쌓인다는 것은 숙업이 지금 현재 나타나고 있듯이 계속 앞으로도 기분 나쁜 일이 벌어질 확률이 높다는 뜻입니다. 옳고 그름을 따지는 것이 아닙니다. 현상은 그냥 인연생기에 의해서 서로 영향을 주면서 나타날 뿐입니다. 삼라만상은 서로 연결되지 않은 것이 없습니다.

인과업을 줄여나가는 방법 ─ 좋은 마음을 내라

인과의 업이 작용하는 것을 줄여나가는 또 하나의 방법은 좋은 마음을 내는 것입니다. 삼독심을 줄이는 것도 그 방법이고 육바라밀을 행하는 것도 방법입니다. 탐하는 마음, 분노하는 마음, 어리석은 마음 세 가지 못된 마음을 버리라는 말입니다. 특히 욕심을 버리면 저절로 선한 행동이 나올 수밖에 없습니다.

자연스럽게 보시하고 지계하고 인욕하고 노력하고 정진하면서 지혜가 생겨납니다. 이러한 여섯 가지 바라밀행은 인드라망처럼 서로 반조하는 거예요. 육바라밀행으로 인해 괴로움이 줄어들고, 괴로움이 줄어들면 저절로 육바라밀을 행하게 되는 것입니다.

이러한 선한 마음을 일으키기 위해서 선명상을 하라는 겁니다. 수행법에는 염불과 독경, 진언, 참선, 절 등 다양한 방법이 있습니다. 중요한 것은 자기 감정의 업을 점점 줄여나가는 훈련을 하는 겁니다.

감정의 진폭을 줄여서 보고 듣고 느끼는 것에 좋고 싫음이 생기지 않으면 결국 육근이 청정해지는 것입니다. 육근이 청정해지면 육경에는 아무 문제가 생기지 않습니다. 경계를 탓할 이유가 없어지는 겁니다. 될 수 있으면 육근으로 느끼는 것에 좋고 싫음을 민감하게 일으키지 않아야 하고 그러기 위해서는 선명상을 꾸준히 연습해야 합니다.

좌선이 좋지만 서서 해도 좋고 걸으면서 해도 좋습니다. 무엇을 보고 무엇을 듣든 상관없습니다. 내 마음이 일으키는 감정을 나 스스로가 어쩔 수 없기에 수행하는 선데, 그 수행이 어려우면 5분 명상, 우선 멈춤 명상, 무시로 명상 등 무엇이든 방법을 택해서 하면 됩니다. 결론은 스스로의 마음의 문제는 스스로 노력해서 해결해야지 그렇지 않고서는 도돌이표가 될 뿐입니다. 오늘부터 꼭 실천하기 바랍니다.

우리 국민들이 이 선명상을 통해서 마음의 안정을 찾고, 불안한 마음을 없앤다면 사회가 조금 더 밝아질 수 있습니다. 그리고 진영으로 갈라져 있는 국민 통합도 자연스럽게 이루어질 것이라 봅니다. 한국사회의 미래, 인류의 미래는 선명상에 있다고 봅니다.

육근이 청정해지면 육경에는 아무 문제가 생기지 않습니다. 육근 육경 육식으로 일어나는 무수한 생각을 어떻게 다루어야 할까요? 어떤 사람은 일어나는 생각을 집착하지 않고 관하기만 하면 되는지, 다른 생각으로 이미 일어난 생각을 지워야 하는지 묻습니다.

내가 경험하는 현상세계는 공입니다. 그냥 그것 자체입니다. 거기에 좋고 싫음이라는 고락 분별의 감정을 얹기 때문에 괴로움이 생기는 겁니다. 생각이 일어날 때는 알아차리고 그냥 바라보기만 합니다. 기분이 나쁘거나 괴롭다고 느낄 때는 나의 업식이라는 것을 알면 됩니다. 도저히 참을 수 없는 화가 날 때도 마찬가지입니다. 일단 그냥 두세요. 성질도 생로병사합니다.

일단 5초 동안 참고, 가장 좋은 것은 '이 뭐꼬' 화두를 잡는 겁니다. 화두는 마음을 깨친 조사가 내는 소리입니다. 마치 진언과도 같습니다. 그 화두 하나를 잡아서 몰입하는 것이 간화선입니다. 오롯하게 집중함으로써 좋고 싫음의 분별이 일어나지 않도록 하는 겁니다.

인류가 지금과 같은 삶을 계속 살아가면 업 덩어리만 남는 세상이 될 것입니다. 이 마음도 원자와 똑같아서 몸이 없어진 후에도 업식만 남게 되기 때문입니다. 즉 죽어서도 괴로운 감정을 피할 수 없다는 뜻입니다. 인류의 구제를 위해 반드시 선명상이 필요합니다.

그래서 선명상 강의와 수행 프로그램을 안내하고 있습니다. 이러한 프로그램은 유치원, 어린이집의 어린이들부터 초등학생, 중학생, 고등학생, 대학생 등 단계별로 교육에 적용해야 합니다. 그러기 위해서 프로그램을 세밀하게 더 다듬어야 합니다.

언제 어디서나 평안을 만든다

이제까지 말씀드린 이야기는 굉장히 단순한 것입니다. 명상의 근본 뜻이 무엇인가. 불교의 선이란 어떤 위치에 있고 어떤 작용을 하는가. 선이 곧 명상입니다.

조계종단에서 종지로써 수행하고 있는 참선 가운데 조사선, 그중에서도 화두를 잡고 수행하는 간화선의 입장에서 보면 다른 여러 방법론적인 명상은 사실 크게 중요하지 않습니다. 간화선에서 보면 화두 하나만 들어버리면 그 자리에서 모든 것이 타파가 되기 때문입니다. 어떤 언어도 끊어진 상태, 언어로서 표현할 필요도 없고 할 수도 없는 경지가 되기 때문입니다.

선명상을 하는 이유

알음알이라 하는 우리의 생각은 늘 비교해서 분별을 하고 하나의 생각이 꼬리에 꼬리를 물고 이어집니다. 보통은 거기에 감정까지 붙어 이어집니다. 육도윤회하는 것입니다. 이 상태에서는 괴로움이 사라지지 않습니다. 사라지기는커녕 계속 재생산될 뿐입니다. 그래서 이 상태를 바로 뚫을 수 있는 방법이 조사선 그 중에서 간화선입니다.

그렇지만 스님들의 입장에서도 이건 어려운 일입니다. 이치를 충분히 안다고 해도 수행으로 바로 해결할 수 있는 근기가 받쳐주어야 하는데 그런 힘을 누구나 가지고 있지 않기 때문입니다. 어른들은 쉽게 할 수 있는 행동이나 생각이지만 어린 아이에게는 어려운 일이 되는 것과 마찬가지입니다.

그래서 우선 여러 가지 명상법을 통해 해보는 겁니다. 일단 입문을 해서 조금씩 수행의 길에 오르는 겁니다. 수행의 최고 정점이라고 하는 간화선까지 하면 좋지만 그렇게 되지 않더라도 지금 현재 내가 살아가고 있는 이 순간을 좀 더 편안하게 다룰 수 있게 하자는 취지입니다. 바로 모든 것을 타파하지는 못하더라도 지금의 괴로움을 좀 더 떨칠 수 있는 그런 방법들을 제시하는 것이 선명상입니다.

그동안 명상에 대해 많이 연구하고 대중들을 지도했던 전문가 스님들을 통해 여러 선명상 방법들이 제시될 것입니다. 저는 그러한 흐름을 더욱 부흥시키는 증폭제 역할을 하고 있습니다.

근대 이후 한국불교의 중흥조라 할 수 있는 경허 스님 이후 만공, 만암, 경봉 등 큰스님들이 계셨습니다. 성철, 향곡, 혜암 스님도 계셨습니다. 이러한 여러 큰스님들께서 간화선을 대중화하려고 많은 노력을 기울였습니다. 그래서 간화선이 대중들에게 많이 알려지는 성과도 있었지만 대중의 실천으로 이어지지는 못했습니다.

선명상 아카데미는 이러한 역사적 배경 아래 한국불교의 선이 대중들의 삶에 같이할 수 있도록 연구해왔습니다. 현대인들의 정서와 사고를 고려한 다양한 선명상 방법들을 제시하고자 했습니다.

불교는 경율론經律論을 통해 이론과 논리적인 면에서 이미 완벽하게 정리되어 있습니다. 시대를 거치면서 그 시대 사람들의 정신에 맞게 전달되었습니다.

그것이 현대에 와서는 지금 사람들의 사고나 언어 습관과 어느 부분에서는 어긋나는 점도 있다고 봅니다. 특히 젊은이들에게는 기존의 언어 방식으로 전달되는 불교가 이해하기 어려울 수 있습니다. 그래서 이미 논리적으로 완벽한 불교를 어떤 식으로 젊은이들에게 전달할 것인가 하는 문제도 연구 과제입니다.

어떠한 경우에도
괴로움이 없어야 합니다

괴로움을 여의는 것이 해탈이고 성불입니다. 부처란 괴로움이 완전히 사라진 상태를 말합니다. 괴로움에 빠져 있는 중생과 괴로움이 완전히 사라진 부처 사이에서 다리 역할을 하는 자가 바로 보살입니다.

그리고 괴로움의 실체를 완전히 알고 그 턱을 넘으려는 분들이 아라한입니다. 역대 선사들은 화두 타파를 통해 괴로움을 완전히 여의었습니다.

괴로움을 완전히 여읜다는 것은 지금 이 순간 아무 불편이 없는 상태입니다. 못마땅한 것이 없는 상태입니다. 불안한 것도 없습니다. 언제 어느 때, 어느 곳에 있든 한 점의 불편도 괴로움도 고통도 없습니다.

모든 중생은 괴롭다고 합니다. 삶은 곧 고苦라는 말이 있듯이 살아가는 데 괴로움이 없는 사람은 없다고 합니다. 중생의 모습을 구분해놓은 것이 육도六道인데 비교적 좋은 세계인 삼선도三善道와 굉장히 힘든 세계인 삼악도三惡道를 일컬어 하는 말입니다. 육도는 우리 마음의 모습을 얘기하고 있다고 보시면 됩니다.

과학이 아무리 발달하고 문명이 진화해도 사람들의 괴로움은 사라지지 않았습니다. 지금 이 상태로 본다면 앞으로도 인간에게 있어 괴로움이라는 감정은 사라질 기미가 보이지 않습니다.

하지만 방법이 없는 것은 아닙니다. 말씀드렸다시피 역대 조사들을 보더라도 괴로움은 사라질 수 있습니다. 깨달음을 얻고 열반을 하고 해탈을 한 사람들이 있다는 사실을 우리는 알고 있습니다. 아뇩다라삼먁삼보리阿耨多羅三藐三菩提를 이룬 사람들이 있습니다.

근본 원인을 바로 보지 않고
늘 그림자만 탓하고 있으니
괴로움이 사라지지 않는 건
당연합니다.

과학기술의 발전이나 물질적인 만족으로는 괴로움이 사라지지 않는다는 사실을 먼저 아셔야 합니다. 지금 이 시간에도 과학기술은 눈부시게 발전하고 있지만 인류는 이제야 인간의 감정에 대해 연구하기 시작했습니다.

그것도 뇌과학을 연구하면서 관심을 가지기 시작한 정도입니다. 현재까지의 뇌과학 연구 결과로 보면 인간이 느끼는 즐거움과 괴로움에 대한 정보를 처리하는 뇌 세포가 전체 뇌 세포의 50~60% 정도를 차지한다고 합니다.

눈으로 보고, 귀로 듣고, 코로 냄새 맡고, 혀로 맛을 보고, 몸으로 느끼고, 생각으로 이루어지는 것들에서 파생되는 감정 상태를 맡는 세포가 뇌의 절반을 차지한다고 합니다. 이건 무슨 뜻일까요.

불교에서는 연기적 세계를 말합니다. 현대식으로 말하면 관계성이라고 표현할 수도 있겠습니다. 인과적 현상 속에 인간은 살아갑니다. 예를 들어 나라는 사람은 부모와 관계가 이어져 있고, 자식과 이어져 있기도 합니다. 그러한 줄기로 수많은 인연들과 관계 맺고 살아갑니다. 어떤 때는 선연으로 이어지기도 하고, 어떤 때는 악연으로 이어질 수도 있습니다. 기분이 좋은 현상이 벌어질 때도 있고, 기분 나쁜 현상이 벌어질 때도 있습니다.

문제는 이것이 다 나의 뇌 세포 작용으로 이루어진다는 것입니다. 간단히 말하면 우리가 인지하고 인식하는 모든 것, 즉 경험하는 모든 사항이 쌓인 것이 나의 뇌 세포라 한다면 뇌 세포는 과거의 경험이 저장된 창고입니다. 차곡차곡 쌓인 내용이 불교적으로 보면 아뢰야식阿賴耶識입니다. 업의 종자입니다.

이렇게 말씀을 드리는 이유는 내가 느끼는 괴로움이 내 머릿속에서 내가 만들어낸 것이라는 사실을 정확히 알아야 문제 해결을 할 수 있기 때문입니다.

중생은 늘 괴롭다 말을 하면서 정작 남의 다리를 잡고 긁고 있을 때가 많습니다. 문제의 원인을 정확히 알고 해결하려고 하지 않고 늘 다른 핑계를 대며 애만 쓰고 있습니다. 근본 원인을 바로 보지 않고 늘 그림자만 탓하고 있으니 괴로움이 사라지지 않는 건 당연합니다.

일체유심조, 만법유식사상이 현대 물리학뿐만 아니라 뇌과학에서도 증명이 되고 있다는 것을 말씀드리고 싶었습니다.

괴로움은
내가 만들어낸 것

결국 내가 느끼고 있는 나의 감정이라는 상태는 내 스스로 해결하지 않으면 안 됩니다. 뇌 과학이 아무리 발달한다고 해도 내가 느끼는 이 괴로움이 저절로 사라지는 일은 이루어지지 않습니다. 재주가 많고, 지혜가 뛰어나고, 힘이 세고, 세상에서 돈이 가장 많다고 해도 내가 느끼는 괴로움은 저절로 사라지지 않습니다.

즐거움이 있으면 괴로움이 있습니다. 극락이 생기면 반드시 지옥이 생깁니다. 행복이 있으면 불행도 똑같이 있습니다. 이것이 생기면 저것이 생깁니다. 이 사실을 분명히 알고 그것을 감수할 수 있는 힘을 가져야겠습니다. 하나가 없어지면 다른 하나도 사라집니다. 이것을 깨달을 때 그야말로 중도가 됩니다. 괴로움이 사라집니다. 생사가 사라집니다.

이렇게 하기 위해서 자신의 감정 상태를 보고 자제할 수 있어야 합니다. 이렇게 하는 방법으로 쉘 패스(shall pass) 명상도 좋고 방하착 명상도 좋습니다. 어떤 경우에도 자신의 감정 상태를 알아차리는 것이 중요합니다.

옛 조사들은 이러한 방법으로 염불도 하고 간경도 하고 좌선도 많이 했습니다. 그러나 요즘 현대인들은 그런 방법은 힘들다고 잘 하지 않기 때문에 그렇다면 하루 5분이라도 스스로의 마음 상태를 편안하게 하는 시간을 가져보라고 하는 겁니다.

편안한 감정이 되도록 자신을 돌아보는 순간을 많이 가져보시기 바랍니다. 그래서 조용히 걷기도 하고, 가만히 앉아서 자신의 숨을 살피기도 하라는 겁니다. 복잡한 마음을 가라앉히고 감정의 기복이 잔잔해질 수 있는 여러 방법을 시도해보시길 바랍니다. 선명상 아카데미에서도 여러 방법을 제시하고 있습니다.

특별히 시간을 내서 하지 않아도 됩니다. 상대방과 말을 할 때, 공부를 할 때, 근무를 할 때, 길을 걸어갈 때 등 언제 어디서든 할 수 있습니다. 지금 내 기분이 좋은지, 나쁜지 정도는 누구나 파악할 수 있기 때문입니다.

불교에서 말하는 삼업三業을 청정히 하라는 말이 어려운 것이 아닙니다. 몸으로 행동할 때, 말을 할 때, 어떤 생각을 일으킬 때 짓게 되는 것이 업인데 이러한 세 가지 업을 살펴서 청정히 하자는 뜻입니다. 선명상 방법으로도 충분히 삼업청정을 할 수 있습니다.

늘 내가 원하는 바가 성취되어야 한다고 생각하면 괴로움에서 빠져나올 수가 없습니다. 성취가 되어도 되지 않아도 어마어마한 감정 에너지를 소모해야 합니다. 늘 겉으로 보이는 현상에 취해서 집착하고 마음을 뺏겨버립니다. 그래서 마음을 다스리는 기술이 필요합니다. 수행을 오래 했다는 사람도 잘 안 되는 일이기는 합니다. 그럼 잘 안 되니까 하지 말라는 얘기가 아닙니다. 잘 되지 않기 때문에 우리는 더욱 해야 합니다. 괴로움에 빠져 육도윤회하지 않기 위해서입니다.

뇌 과학으로 이야기해봅시다. 예를 들어 발가락 하나가 골절이 됐다고 했을 때, 굉장히 아프겠지요. 발가락이 다쳤으니 아픈 것이 당연하다고 생각할 겁니다. 하지만 뇌 과학적으로 보면 아픔을 느끼는 건 뇌의 소관입니다. 발가락과는 상관이 없습니다. 발가락은 하나의 현상일 뿐입니다. 아프다는 느낌, 고통스러운 느낌은 발가락에서 발생하는 것이 아니라 뇌에서 결정하는 문제라는 겁니다.

그렇게 본다면 뇌 세포는 나의 모든 경험이 저장되어 있는 업의 창고입니다. 어떤 일이 벌어졌을 때, 그것을 즐거운 일로 받아들일지 괴로운 일로 받아들일지 결정하는 것은 이전의 나의 경험, 즉 나의 업으로 결정된다고 볼 수 있습니다.

예를 들어 만약 나의 경험 속에 발가락이 다쳤던 일이 좋은 일로 기억되어 있다면 이후에 같은 일이 벌어졌을 때 좋은 감정이 나타날 확률이 높겠지요. 반면에 내 경험에 발가락을 다친 일이 고통스럽고 힘든 일로 저장되어 있다면 이후에 비슷한 일이 벌어졌을 때 고통스럽고 힘들다는 감정이 우선 나타날 겁니다. 내가 스스로 업식을 바꾸지 않는 한 그럴 것입니다. 그렇다면 내가 나의 업식을 알아차리고 바꾸려는 노력을 하면 괴롭다는 감정은 사라지게 할 수 있다는 뜻입니다.

선명상으로 자비를 실천하자

아주 쉽게 말해서 행동할 때는 조심하고, 생각도 착하게 하고, 말도 곱게 쓰는 것이 그러한 노력이 될 수 있다는 말입니다. 이것이 삼업을 청정히 하는 길입니다. 덧붙여 육바라밀을 행하면 좋습니다. 육바라밀 안에 괴로움을 없앨 수 있는 행동 규범이 모두 포함되어 있기 때문입니다.

보시를 통해 내 업식을 바꿔나가는 방법이 있고, 인욕을 통해 다음에 올 과보를 받지 않게 되는 방법도 있습니다. 계를 지키는 것도 마찬가지입니다. 계를 지킴으로써 이후에 발생할 괴로움의 과보를 받지 않게 됩니다. 이런 식으로 정진을 하면서 선명상의 여러 방법을 실천해보면 자신의 업이 바뀌는 경험을 하게 될 것입니다. 뇌 과학적으로 말하면 뇌 세포를 바꾸는 일입니다.

내 몸과 마음은 내 스스로 자유롭게 할 수 있습니다. 이것을 무애행이라고 합니다. 무애행을 통해 자비를 행할 수 있습니다. 자신의 마음을 편안히 하는 선명상의 여러 방법을 익혀 자비를 행하는 여러분이 되시길 바랍니다.

멀리 우주에서 보면 인간의 생은 눈 깜짝할 사이도 안 됩니다. 짧은 인생이지만 이 시간 동안 괴로움이 사라지고 깨달음을 얻게 되면 설사 몸이 사라진다 해도 괴로움이 없는 영은 계속 이어질 것이라고 희망을 가져봅니다. 나로부터 시작해 내 이웃으로, 전 세계로 이러한 선명상이 퍼져나갈 때 인류 구제가 시작될 것입니다. 바로 여러분이 주인공입니다.

선명상 길라잡이

1판 1쇄 인쇄 2024년 10월 23일
1판 2쇄 발행 2025년 1월 10일

엮은이	대한불교조계종 미래본부
집필위원	금강, 원철, 진경, 성원, 덕안, 혜민, 준한, 여해, 혜주, 박희승, 권기찬
발행인	원명(김종민)
펴낸곳	(주)조계종출판사
등록	2007년 4월 27일(제2007-000078호)
주소	서울시 종로구 삼봉로 81 두산위브파빌리온 1308호
전화	02-720-6107
팩스	02-733-6708
이메일	jogyebooks@naver.com
구입문의	불교전문서점 향전(www.jbbook.co.kr) 02-2031-2070

ISBN 979-11-5580-242-7 (03220)

(주)조계종출판사의 수익금은 포교·교육 기금으로 활용됩니다.
저작권법에 의하여 보호를 받는 저작물이므로 무단으로 복사, 전재하거나
변형하여 사용할 수 없습니다.

조계종
출판사 지혜와 자비의 눈으로 세상을 바라봅니다.